U0934347

2019年
厦门文化改革发展蓝皮书

XIAMEN WENHUA GAIGE FAZHAN LANPISHU

主　任：叶重耕

副主任：韩景义

编　委：上官军　陈高润　江曙曜　卢秀萍

戴志望　唐向阳　何瑞福　林跃锋

张　权　沈艺奇　王才能

厦门大学出版社 XIAMEN UNIVERSITY PRESS | 国家一级出版社 全国百佳图书出版单位

2019年厦门文化改革发展蓝皮书

XIAMEN WENHUA GAIGE FAZHAN LANPISHU

主　编 戴志望
副主编 李长福
林宗宁

厦门大学出版社
XIAMEN UNIVERSITY PRESS
国家一级出版社
全国百佳图书出版单位

图书在版编目(CIP)数据

2019年厦门文化改革发展蓝皮书/戴志望主编.—厦门:厦门大学出版社，2019.12
ISBN 978-7-5615-7731-8

Ⅰ.①2… Ⅱ.①戴… Ⅲ.①文化事业—体制改革—研究报告—厦门—2019②文化发展—研究报告—厦门—2019 Ⅳ.①G127.573

中国版本图书馆CIP数据核字(2020)第012748号

出 版 人 郑文礼
责任编辑 文慧云
封面设计 夏 林
电脑制作 炜 荣
封面摄影 郑晓东
技术编辑 朱 楷

出版发行 厦门大学出版社
社 址 厦门市软件园二期望海路39号
邮政编码 361008
总 编 办 0592-2182177 0592-2181406(传真)
营销中心 0592-2184458 0592-2181365
网 址 http://www.xmupress.com
邮 箱 xmup@xmupress.com
印 刷 厦门集大印刷厂

开本 720 mm×1 000 mm 1/16
印张 17.25
插页 4
字数 320千字
版次 2019年12月第1版
印次 2019年12月第1次印刷
定价 68.00元

本书如有印装质量问题请直接寄承印厂调换

厦门大学出版社
微信二维码

厦门大学出版社
微博二维码

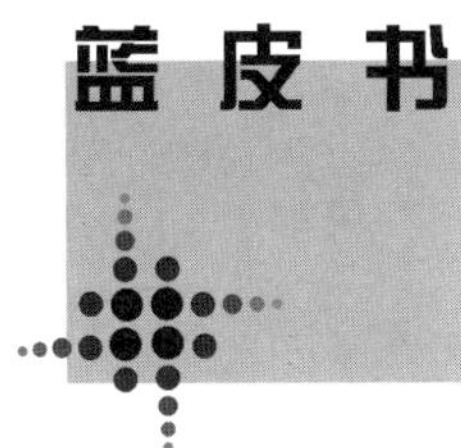

目　录

专题研究

调研报告

文化交流

公共文化

文化会展

相关政策

大事记

统计资料与分析

Zhuanti

Yanjiu

专题研究

深化改革创新，努力建设文化强市

——厦门市委常委、宣传部部长叶重耕同志在全市宣传部长会议上的讲话(节选)

◎ 叶重耕

积极顺应新时代社会主要矛盾的变化，不断提供丰富的精神食粮，更好满足人民群众对美好生活的新期待。

一是加强文艺精品创作，提升文化小康水平。新时代要有新气象，新气象需要新的文艺作品生动呈现、真情书写。要抓住文艺精品创作这个中心环节，围绕重要节点，做好重点创作选题规划，加强现实题材、革命题材、厦门题材作品创作生产，不断推出思想精深、艺术精湛、制作精良的精品力作。要深入实施中华优秀传统文化传承发展工程，对照《厦门市优秀传统文化传承发展工程实施方案》落实任务分工，按计划、有步骤推进重点项目。要深化拓展“深入生活、扎根人民”主题实践活动，把工作重点从组织活动转到健全机制、形成常态上来。要坚持把文化发展成果更多更好惠及人民群众，加快构建现代公共文化服务体系，重点推进基层公共文化服务中心和图书馆、文化馆总分馆建设，努力构建全域“15分钟公共文化圈”。要认真贯彻习近平总书记关于鼓浪屿申遗成功的指示精神，持续做好鼓浪屿文化遗产保护工作，以点带面推进全市文化遗产系统保护、活态传承、活化利用。要认真落实《关于促进两岸经济文化交流合作的若干措施》，立足厦门实际拓展对台文化交流。要加强与“一带一路”沿线国家、地区的文化交流，持续提升厦门文化影响力，着力建设“高素质、高颜值”的国际知名文化旅游城市，进一步增强全市人民的文化自信和文化获得感。

二是坚持两个效益统一，深化文化体制改革。文化体制改革是推动文化繁荣发展的根本动力。要坚持“导向不能变、阵地不能丢”的根本原则，持续用力推动在文化重点领域和关键环节有所突破。在制度层面上，要研究制定《厦门市市属文化企业国有资产重大事项管理办法》和《厦门市市属文化企业违规经营投资责任追究办法》。在做大做强国有文化企业举措上，在市属电影发行和影院资源成功整合基础上，继续推进市属国有文化资产整合工作，以打造国有骨干文化企业为重点，组建国有文化投资控股集团，做强做大国有文化企业，充分发挥国有文化资本在文化产业发展中的示范带动作用。在规范企业经营上，组织开展国有文化企业负责人业绩考核和薪酬管理工作，推动市属国有文化企业党委落实党建工作主体责任，并带动全市文化企业健康发展。

三是把握正确导向，加快文化产业发展。文化产业是内容产业，文化产品直接作用于精神领域，影响人们的思想观念、道德修养和行为准则，必须坚定正确政治方向，把握好发展导向。近年来，厦门市文化产业保持年均两位数的增速，成绩值得充分肯定，但与建设文化强市的目标相比还有一定差距。2018年要着力抓好以下三方面工作。其一要抓政策环境。制定实施《厦门市2018—2020年文化发展改革三年行动计划纲要》，推动出台《厦门市关于进一步促进文化产业发展的若干政策》，健全文化产业体系和市场体系，助力文化产业跨越发展。组织2018—2019年度市重点文化企业评选工作，做好文化产业发展专项资金扶持项目征集工作，发挥重点产业、企业、项目和园区的带动作用。其二要抓业态聚集。在新业态新模式发展上下功夫，重点发展数字内容与新媒体、创意设计、演艺娱乐、中高端艺术品、文化旅游等五大产业门类，促进集群化发展。积极推动文化与相关产业融合发展，促进文化与科技、信息、旅游、体育、装备制造、金融等深度融合,拓展文化产业发展空间。其三要抓工作合力。认真落实好省委常委、市委书记裴金佳同志批示精神,充分发挥市对区绩效考核对文化产业发展的推动作用。进一步加强与市文化改革发展工作领导小组30家成员单位的沟通联系,构建市区联动、各部门联动的文化发展大格局,力争2018年全市文化产业营收突破千亿元。

[本文系厦门市委常委、宣传部部长叶重耕2018年3月19日在全市宣传部长会议上的讲话(节选)]

蓝皮书

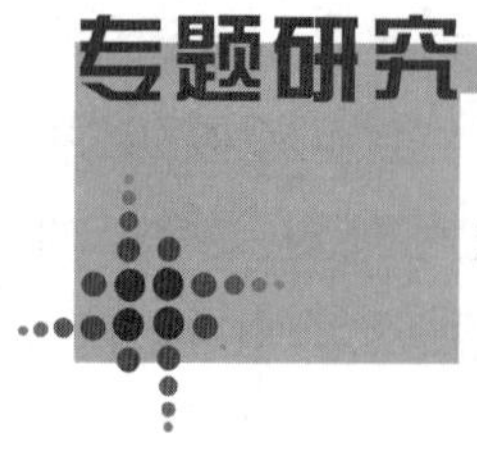

在第28届中国金鸡百花电影节举办城市签约仪式暨新闻发布会上的致辞

——厦门市政府副市长韩景义在第28届中国金鸡百花电影节举办城市签约仪式暨新闻发布会上的致辞

◎ 韩景义

中国电影金鸡奖是我国电影界最权威、最专业的电影奖。刚才，中国电影家协会张宏书记郑重宣布了喜讯，厦门市将接棒举办第28届中国金鸡百花电影节暨第32届中国电影金鸡奖终评和颁奖典礼。在此，我谨代表厦门市委市政府，向中国文联和中国电影家协会表示衷心的感谢！向莅临出席今天签约发布活动的各位领导、各位来宾和媒体朋友们表示热烈的欢迎！

2017年9月，金砖国家领导人第九次会晤在厦门成功举办。习近平总书记深情赞誉厦门是“高素质的创新创业之城”和“高颜值的生态花园之城”。习总书记同时指出，应该发挥人文交流纽带作用，打造更多像文化节、电影节、运动会这样接地气、惠民生的活动。厦门市委市政府深入学习贯彻习近平新时代中国特色社会主义思想和党的十九大精神，始终把申办中国金鸡百花电影节作为贯彻落实习近平总书记重要讲话精神的重大举措，更好发挥厦门作为“一带一路”倡议支点城市的作用，着眼于提升厦门国际化水平和城市功能品味，着力推进与“一带一路”沿线城市的人文交流。

厦门拥有丰富多彩的人文自然环境。高素质高颜值的厦门，具备举办电影节和电影颁奖典礼的综合条件和比较优势，也特别适合发展电影产业。我们有山、有海、有岛，城在海上、海在城中，自然条件优越，是国际性港口风景旅游城市；地处亚热带，四季如春、气候宜人；东西文化交融、人文底蕴深厚，高校资源丰富、人才基础较好，是国内公认的“天然摄影棚”和一流的摄影地。

厦门拥有得天独厚的区位优势。作为中国首批设立的经济特区之一，厦门是中国对外贸易重要口岸、境外资本重要集聚地和对外交流重要窗口，也是21世纪海上丝绸之路的战略支点城市和国家四大国际航运中心之一。2017年厦门港集装箱吞吐量突破千万标箱，全球排名第14位。厦门机场跻身全球机场百强，拥有35条国际及地区航线，通航东京、阿姆斯特丹、洛杉矶、温哥华、悉尼、墨尔本等全球28个城市和重要电影城市。厦门是我国四大邮轮母港之一，开通国内首条连接东南亚六国的“海丝”邮轮航线，2018年全年预计接待邮轮100艘次，旅客吞吐量30万人次。中欧（厦门）班列通达12个国家，实现“海丝”和“陆丝”的无缝对接。

厦门拥有良好的经济社会发展水平。近年来，厦门先后被评为联合国人居奖、国际花园城市、全国环保模范城市、国家森林城市和国家级生态市等反映人居环境品质的殊荣，连续三届获评全国社会治安综治优秀城市，同时还拥有全国文明城市“五连冠”、全国双拥模范城“九连冠”等荣誉。山海交融的自然条件，高端品质的舒适生活，温馨包容的社会环境，中西合璧的多元文化，使厦门成为最适合当作“家”的城市。厦门新经济新产业快速发展，新兴产业占全市GDP比重在60%以上，特别是文化产业快速发展，年均增幅达15%。未来5至10年内，厦门影视产业在全市GDP中的占比预计将提升至5%，综合带动产业占比将提升至15%，成为厦门重要的支柱产业。目前全市拥有1个省级重点影视产业园区，集聚了国际顶级影视特效公司——美国倍视公司（Base FX）

等500多家电影企业,电影产业呈现集群化发展态势。厦门具有成熟的配套产业支撑和完善的产业园区布局,旅游会展、软件信息和创意时尚产业等作为厦门市重点打造的千亿产业链群,将为电影产业的发展提供强大的产业支撑。厦门是"中国十大会展名城"之一,每年举办的大型展览超过200场,商业会议超过8000场,已经形成完善专业的口岸通关、交通组织、旅游住宿、志愿服务等会务保障机制。

厦门市委市政府高度重视中国金鸡百花电影节举办和电影产业发展工作,把办好第28届中国金鸡百花电影节和促进电影产业发展紧密结合起来。在组织保障上,厦门市将在中国电影家协会的具体指导下,成立专门的工作班子,统筹全市资源,在人、财、物等方面做好全方位的保障服务,确保电影节在厦门成功举办。在政策配套上,厦门市、区两级政府出台了扶持电影产业发展的相关政策,在现有厦门大学电影博物馆基础上选址建设电影博物馆,完善落实电影产业发展的空间布局规划和需求。在基础设施建设上,改造建设集大型专业摄影棚、演员公寓、后期制作、专业化服务平台等为一体的影视拍摄基地,规划建设独具特色的、集海上星光大道、电影宫、会议中心、媒体中心为一体的电影节主场馆区。在电影人才培育上,积极推动与厦门大学合作创建电影学院,这将成为在"双一流"综合性大学中开办的第一所电影学院;同时鼓励厦门市高等院校和教育培训机构开展多形式、多层次和多类型的影视人才培养。在营运模式和长期发展上,厦门市将采取"政府有效保障、国有企业主导、产业支撑活动"的原则,秉承专业化和市场化并行的发展理念,精心办好第28届中国电影金鸡百花电影节,着力提升中国电影金鸡奖的品牌价值,全面扩大中国电影金鸡奖的国际传播力和影响力。

我们相信,在中国文联和中国电影家协会的全面指导下,在业界专家人士的关心支持下,厦门市一定能够办出一届独具特色、精彩纷呈的金鸡百花电影节。我们也相信，金鸡百花电影节是厦门发展电影产业的重大机遇，必将助力厦门发展成为一座新时代的电影之城，也必将为金鸡百花电影节实现新飞跃提供新动力。我们希望，有更多的电影剧组来厦拍摄，有更多的电影精品在厦门诞生，有更多的电影公司落户厦门。我们竭诚欢迎境内外的企业家朋友们来厦门投资兴业，共同参与厦门电影产业的发展，共同分享新时代电影产业发展的新机遇和新成果。

（本文为厦门市政府副市长韩景义2018年11月10日在第28届中国金鸡百花电影节举办城市签约仪式暨新闻发布会上的致辞）

Diaoyan Baogao

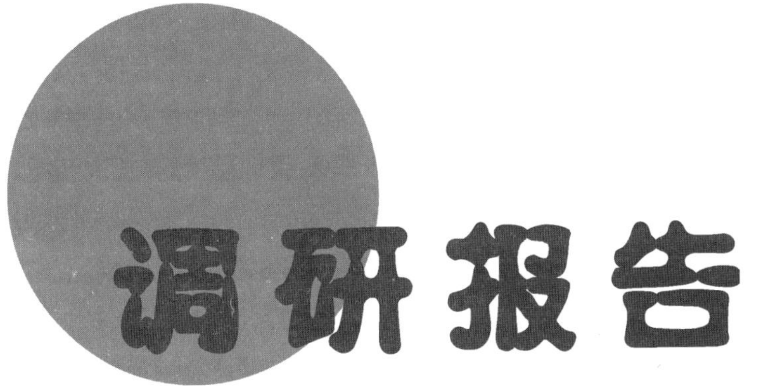

调研报告

厦门国家级文化和科技融合示范基地发展情况评估报告

◎ 火炬高新区管委会

一、基地基本情况

(一)基地运营机构名称及概况

基地运营机构名称:厦门火炬高技术产业开发区管理委员会。

基地运营机构概况:厦门火炬高技术产业开发区(以下简称“厦门火炬高新区”)是首批国家级高新技术产业开发区,是全国4个以“火炬”冠名的国家高新区之一;荣获“国家海外高层次人才创新创业基地”“国家火炬计划软件产业基地”“国家火炬计划厦门视听通讯基地”“国家对台科技合作与交流基地”“国家知识产权试点园区”“国家科技与文化产业融合基地”“国家小微企业创新创业示范基地”“国家科技服务业区域试点单位”,是“福厦泉国家自主创新示范区”“国家双创示范基地”“全国文明单位”,2017年位列全国高新区第20名。

厦门火炬高新区根据产业发展和园区管理需要,搭建“一区多园”产业发展大平台，明确园区范围和发展定位，形成鲜明的产业布局。在厦门岛内外开发建设8个园区，包括火炬湖里园（含火炬园及信息光电园）、厦门软件园（含一、二、三期）、厦门创业园、火炬（翔安）产业区、厦门科技创新园、同安高新技术产业基地、翔安高新技术产业基地以及火炬北大生物园，并形成了以平板显示、计算机与通信设备、电力电气、软件与信息服务、微电子与集成电路、LED（发光二极管）六大重点产业和生物医药、新材料、新能源、文化创意等新型特色产业的“6＋4”产业格局。2017年，厦门火炬高新区有5382家企业，实现营收2844亿元。

（二）所在地政府基地建设（管理）领导小组、办公室组建情况以及管理制度

成立了厦门市国家级文化和科技融合示范基地建设领导小组，由市委常委、宣传部部长担任组长，副组长由厦门市副市长担任，成员由市委办、市府办、宣传、发改委、科技、经信、财政、文广、统计、网信以及各区相关领导组成。

领导小组负责统筹协调，整合各区、各部门资源共同推进基地建设。领导小组下设办公室，负责基地的日常工作，保障基地各项任务的实施。办公室挂靠在厦门火炬高新区，主任由厦门火炬高新区管委会一位副主任兼任，副主任由市文发办副主任、市科技局高新技术处处长和火炬高新区管委会软件园管理处处长担任。

（三）基地概况（四至范围及空间功能布局）

基地由火炬湖里园（含火炬园及信息光电园）、厦门软件园（含一、二、三期）、厦门创业园、火炬（翔安）产业区、厦门科技创新园等5个园区组成，规划占地面积4475万平方米，其中已开发面积1703万平方米，2017年基地入驻企业4575家，其中文化科技企业332家；实现营业收入达2418亿元，其中文化科技企业实现营收

1141亿元,同比增长15.8%。其四至范围及功能布局如表1。

表1 厦门市国家级文化和科技融合示范基地概况表

园区名称	规划面积（平方公里）	四至范围	产业定位
火炬湖里园	1.23	东至东苑路、火炬二路,南至火炬路、兴隆路,西至嘉禾路、新丰路,北至马垄路、火炬北路(高殿村)。	企业总部及研发中心
信息光电园	0.78	(1)金尚路侧:东至坂尚路,南至安岭路,西至金尚路,北至安墩路;(2)枋钟路侧:东至县黄路,南至安墩路,西至坂尚路,北至枋钟路(环岛路)。	计算机与通信、平板显示
火炬(翔安)产业区	26.75	(1)下潭尾片区:东至翔安大道,西至滨海大道(含火炬大桥),北至沈海高速,南至翔安北路;(2)东部产业区首期:东至翔安东路,西至翔安大道,北至翔安北路,南至海翔大道。	平板、输配电及控制设备

续表

园区名称	规划面积（平方公里）	四至范围	产业定位
软件园（一、二、三期）	11.046	软件园一期：东至仓里路，南至环岛南路，西至曾厝垵西路，北至曾厝垵北路；软件园二期：东至环岛干道，南至观日路，西至金山路，北至虎仔山路；软件园三期：东至集美大道，南至沈海高速，西至灌口北路，北至灌口中路。	数字内容、移动互联网、行业应用等软件和信息服务业
创业园	0.06	东至火炬东路，南至火炬路，西至粮食铁路专用线，北至创业路。	科技企业孵化、科技成果转化
科技创新园	4.88	东至滨海西大道，南至天马路，西至同集路，北至横六路。	IC（集成电路）研发中心

二、主要特色和发展模式

（一）主要特色

基地坚持全领域、生态化发展以文化和科技融合为核心的数字经济，覆盖了从基础到应用，从硬件到软件的全领域，形成较为完整的产业图谱。重点发展数字化创作生产（含游戏动漫、新媒体与影视科技、大数据与云计算等)、网络化快速传播(含网络通信与信息安全、移动互联、文化类行业应用软件等)、数字化终端展示(含集成电路、平板显示、计算机与通信设备等)等业态,成为国内少有能够覆盖全领域的基地。此外,各产业领域均已形成了较为完整的产业链,支撑了富有活力的园区经济。

经过多年的积淀与发展,基地文化和科技产业主要呈现出以下四个方面的特点:

1.细分领域亮点纷呈

经过多年的快速发展,基地重点发展的九大产业领域中,多个产业领域排名进入全国前列。

数字化终端展示产品持续发展。其中,平板显示产业面板及模组出货量位居全国第六,是国家试点的光电产业集群;LED 产业芯片出货量全国第一;计算机与通信设备产业整机、服务器及监视器出货量位居全国前列;"纯"集成电路产业规模全国第五。

以数字化创作生产与网络化快速传播为主的软件及信息技术服务业大类增长迅猛。作为文化和科技重要载体之一的软件园成长性全国第一,并荣获 2018 年大数据明星产业园。其中,人工智能产业城市排名全国第十四,动漫游戏产业排名全国第七。

2.行业领军企业表现活跃

游戏动漫产业领域。咪咕动漫是中国最大的手机动漫平台;4399 是中国最大的游戏门户网站;翔通动漫是"中国动漫十大名片企业",是中国拥有版权形象最多的公司;飞鱼科技是国内领先的互联网游戏开发和运营商;吉比特是厦门首家上交所主板上市集游戏研发运营一体化平台。

移动互联产业领域。美图公司在"全球前十大移动应用开发商排名"中排名全球第 6 位,移动端产品全球覆盖设备数已经超过 10 亿台;美柚信息推出的社交平台是全国最大的女性健康社区;同步网络是国内最大的移动应用分发和游戏联运平台之一;三五互联是国内首家集“云计算服务”和“云智能终端”产品为一体的专业服务提供商。

大数据与云计算产业领域。美亚柏科是全球最大的电子数据取证公司；网宿科技是中国最大的CDN（内容分发网络）及IDC（互联网数据中心）综合服务提供商；南讯软件是新型零售业态下中国最大的零售企业客户资源管理解决方案提供商；云脉技术中文字符OCR（光学字符识别）识别技术全球领先；商集票据识别技术位居全球第三。

智慧城市与行业应用领域。易联众公司首创符合社保和PBO2.0标准的金融社保IC卡，是国内新标准社保卡发行量第一的企业；亿联网络统一通信终端全球第二；罗普特是中国安防行业最具公信力十佳品牌企业；精图信息是中国领先的空间信息综合服务商；智业软件医疗卫生和健康领域信息化全国领先。

平板显示产业领域。天马微电子建成了国内第一条第6代低温多晶硅薄膜晶体管液晶显示器件及彩色滤光膜生产线；宸鸿科技打造了全球最大的触控显示屏研发生产基地；友达光电2018年推出的电竞专用显示屏刷新率全球最高。

集成电路产业领域。联芯集成电路制造是海峡两岸合资金额最大的半导体项目；三安光电全色系超高亮度LED芯片获得福建省制造业单项冠军产品荣誉。此外，还汇集了清华紫光等一批行业龙头企业。

3.文化科技新业态新模式层出不穷

着力推动“科技＋”与“文化＋”相向而行，以数字技术、网络信息技术、智能技术为代表的高新技术融合渗透到文化产品创作、生产、传播、消费的各个层面和关键环节，新业态、新模式层出不穷，推动休闲娱乐、展览、旅游、教育等文化内容产业进一步发展。

新媒体与影视科技领域。风云科技运用“文化＋科技＋创意”的新模式，致力于新媒体影视和新媒体电影IP的研发，搭建“投、创、展”平台。思凯文化构建网红孵化和商业化同步的新模式，拥有超过6000位网红，每日在线直播网红1000多位，活跃于各大社交媒体和直播平台。

VR(虚拟现实)/AR(增强现实)领域。4399、吉比特、妮东科技研发电竞游戏和VR游戏，谋求在电竞和VR内容提供等新业务板块占有优势，盈趣科技、凤凰创壹、观印文化等企业积极布局VR装备和VR集成应用产业。

智慧旅游领域。任我游围绕智慧旅游体系建设、AR/VR的商品化应用等开展集群研发，获得70多项具有引领性的著作权和技术专利，搭建起面向旅游城市、涉旅企业等各类主体的旅游信息化与智慧旅游解决方案。

智慧教育领域。东大正保面向多行业、多领域开展网络教育，并提供远程多媒体网络教育平台系列产品，连续两年入选《财富》杂志美股“100家增长最快的公司”榜单。悦讯科技针对区县教育局及其下属学校，通过一个平台+多个应用系统的组合模式，集合教育管理和教育各业务层面，为教育局和学校提供一站式应用服务。

数字出版领域。在软件园三期以时代华亿为主引进一批数字出版项目，打造“海峡数字出版基地”。基地相继引入福建教育出版社的“拾阅”中小学校园专属数字图书馆、广西教育出版社的公众号数字图书馆、江西人民出版社的海昏侯文化IP开发全产业链项目。

4.对台文化科技产业合作活跃

借力每年举办的海峡两岸文化产业博览交易会、厦门国际动漫节，不断推进两岸文化科技产业深入发展。

现有台资企业350多家，规模以上工业台资企业约占高新区规模以上工业总产值的50%，约占全市规模以上工业总产值的20%。数字化终端展示产品企业，有台资企业300多家，企业年均增长率约10%。数字化创作与传播类的企业，有西基动画、正航软件等台资企业50多家，企业年均增长率约18%。

建有台湾科技企业育成中心，是国内第一家主要面向台湾科技人才创业和技术转移的创新孵化基地，也是全国首批对台科技合作与交流基地。截至2018年3月，厦门市已经发展形成7大创新创业集聚片区、经过认定的各类众创空间165个，拥有国台办挂牌的海峡两岸青创基地4家、省级台湾青年就业创业基地7家，累计入驻各类台青创业团队及企业达500个，实习、就业和创业的台青超3000人。

(二)发展模式

1.强化载体驱动，突出集约发展

厦门火炬高新区每平方公里土地创造出138亿元工业产值，以不到厦门1%的土地，实现了厦门40%的工业总产值。其中，厦门软件园作为高新区文化科技产业的核心载体，集聚企业3600多家，每平方公里实现营业收入超600亿元，实现税收超20亿元。

2.坚持自主培育，注重孵化质量

截至2017年，基地共培育出瞪羚企业49家，境内上市企业13家、新三板挂牌企业65家，两者均占全市一半。美亚青果创客汇成功获批科技部第二批国家专业化众创空间；建立一批国际孵化器，包括美国硅谷瀚海孵化器、中以合作项目(厦门)孵化器、清华海峡研究院台湾新竹孵化器。成功举办首届美国硅谷创业大赛、中德创新合作论坛等国际化创新活动。

形成了高质量的孵化空间集群。基地拥有众多专门培育文化和科技企业的创业基地和众创空间，其中国家级双创基地3家，国家级众创空间14家(占全市42%)，省级众创空间18家(占全市35%)，市级众创空间70家(占全市34%)。

形成了高占比的自主培育企业集群。依托不断增强的孵化能力，基地数字化创作生产和网络化快速传播为代表的软件企业的本土培育率超过85%，其中上市公司本土培育率达100%，规模以上企业自主培育率超过93%。

形成了较合理的规模梯度结构。以基地的软件产业为例，企业已形成了金字塔型的企业规模结构。在3600多家软件企业中，营业收入1亿元以上的达到93家，营业收入1000万元以上的达到372家，两项指标均位居全国高新区前列，有力支撑了高新区软件产业发展的持续性和稳定性。

3.狠抓创新驱动，提升创新能力

2017年火炬高新区管委会出台《厦门火炬高新区关于促进企业创新发展的若干措施》（简称“创新十条”），大力度推动企业技术创新，比如，对软件类企业研发投入的18%给予补贴，对工业数字化企业技改投入的15%给予补贴。

商标著作专利等方面。基地着力推动企业在商标、著作、专业的申请上有质的飞跃。2017年，基地拥有注册商标6497件，其中当年新增注册商标1002件，增长15.42%；拥有软件著作权1.23万件，其中当年获得软件著作权3255件，增长26.46%；申请专利总计超3115件，其中发明专利超1520件；新增授权专利2005件，总量达到9717件，当年增长20.63%。其中，新增授权发明专利755件，总量达到2950件，当年增长25.59%。

高新技术标准等方面。2017年，基地科技活动经费支出82亿元，同比增长15%；拥有高新技术企业658家，同比增长22.76%；期末当年形成国家或行业标准40件，其中咪咕动漫参与制定的手机动漫标准，成为我国文化领域首个国际技术标准。

4.借力交易展示平台，推动项目落地

对接两岸文化产业合作，文化与科技的融合，是两岸文化产业合作的一大趋势。厦门发挥作为海峡两岸交流合作桥头堡的区位优势，常年搭建合作与交流平台。举办海峡两岸（厦门）文化产业博览交易会。文博会在厦门已连续举办10年，2017年第十届文博会投资签约项目共120个，涵盖了创意设计、工艺美术、影视演艺、文创旅游等文化产业各主要领域，总签约额320.29亿元，现场交易额10.83亿元，其中有众多两岸产业对接签约项目，如两岸茶产业签约对接、两岸IP（知识产权）授权的合作、对接等。举办厦门国际动漫节。基地在厦门软件园中已连续举办十届动漫节，给予了厦门动漫企业很好的宣传展示舞台和交流平台。其中，2017年的第十届动漫节共举办了13场商务对接活动，收到来自51个国家和地区的2740部作品参与角逐“金海豚奖”，吸引了171家境内外企业参展，观展人流量达8.5万多人次，有力地推动了厦门动漫产业的发展。

三、推进基地建设的各项政策和举措

（一）积极落实各项扶持政策

2016年以来，市级层面共出台了《厦门市促进大数据发展工作实施方案》（厦府〔2017〕51号）、《厦门市软件和信息服务业人才计划暂行办法》（厦经信软件〔2017〕33号）、《厦门市人民政府关于印发厦门市促进物联网产业发展若干措施》（厦府〔2017〕145号）、《厦门市扶持民营实体书店发展办法》（厦文发办〔2017〕23号）、《关于进一步促进文化产业发展的补充规定》（厦府〔2018〕91号）等5项扶持政策。2016年兑现政策资金1800多万元，2017年兑现政策资金1900多万元。

2016年以来，区级层面先后制定文化与科技类相关扶持政策共13项，两年共兑现政策资金3600多万元。分别为：《厦门火炬高新区管委会关于落实鼓励台湾青年来厦创业就业政策的实施细则》(厦高管〔2016〕22号)、《厦门火炬高新区管委会关于推进软件园三期产业发展的暂行办法》(厦高管〔2016〕48号)、《厦门火炬高新区支持企业改制上市管理办法》(厦高管〔2016〕69号)、《厦门市集美区人民政府 厦门火炬高新区管委会关于印发集美区鼓励软件和信息业发展奖励暂行办法的通知》(集府〔2016〕54号)、《厦门火炬高新区促进技术交易暂行办法》(厦高管〔2016〕296号)、《厦门火炬高新区创新券试行办法》(厦高管〔2017〕12号)、《厦门火炬高新区支持众创空间发展暂行办法(2017年修订)》(厦高管〔2017〕160号)、《厦门火炬高新区关于促进企业创新发展的若干措施》(厦高管〔2017〕184号)。

(二)着力优化产业发展生态

围绕企业生产经营所需的政务、技术、金融、人才以及各类科技配套等,分别建立了相应的服务体系。

1.公共服务体系

公共服务平台。为方便企业,在基地内设立工商、税务、园区综合服务等政务部门,以类咖啡厅形式(而非传统服务大厅形式)打造政务和企业服务集中载体——创+驿站,整合了66个政府部门的90项事务,基本实现了员工和企业所需政务服务全覆盖。

基地内建设中介服务平台——“火炬众创服务站”,集聚高水平中介服务机构47家,为园区创业团队和企业提供一站式综合服务。并通过推行火炬创新券,对企业使用市场化的技术、金融、人才等152项服务给予最高35%的支持。

2.技术服务体系

基地围绕数字媒体、动漫、软件开发及测试支撑、网真通信、集成电路设计等先后建有数字媒体技术服务平台、软件公共技术服务平台、思科创新体验中心、集成电路公共技术服务平台、厦门超级计算中心等五大顶尖的公共技术服务平台,为园区企业提供低成本、高水平的公共技术服务。

3.科技金融服务体系

搭建金融服务平台——“鹭创汇”，集聚了300多家创投、担保、券商、基金、投资机构等金融机构，汇聚了规模超300亿元的金融资本。

基地设有知识产权专项资金2亿元，投向知识产权类企业。同时，设有文化科技类相关基金，基金规模达2.8亿元，包括两岸青年文化创业基金1亿元，主要投向文创领域；英诺一艾特基金1.8亿元，主要投向文化创意、移动互联、硬件制造、数字健康等领域。

4.人才服务体系

鼓励企业加大优秀人才培养开发力度，对企业人才在高新区申报并入选国家“千人计划”、福建省“双百计划”、厦门市“海纳百川”计划的，给予企业一定奖励性资助。支持企业积极承担重大科技项目，建设一批博士后工作站、院士专家工作站等人才培养平台，壮大创新人才“中产阶级”。

引导推动人才培养链与产业链、创新链有机衔接，加强与厦门大学、集美大学、华侨大学、厦门理工学院等高校合作，共建集创业咨询、培训、实训、孵化等于一体的创业学院。支持校企共建人才培训基地，定期开展大学生实训、实习活动。鼓励大学院所由普通本科培养向应用型人才培养转变，推广“创业教育＋模拟实训＋苗圃实践＋跟踪扶持”的培养模式，不断输送生力军。

(三)完善基地工作协调机制

明确开发区与行政区的职责范围。高新区统筹各园区总体规划、开发建设，负责招商引资、产业培育、管理服务等有关工作。所在行政区具体负责公共社会事务管理、征地拆迁，并参与园区日常招商工作。园区企业税收由高新区和园区所在行政区按一定比例共享。

为更好地推动基地的发展，火炬高新区与每个园区所在的行政区都建立了两区联席会制度，定期召开会议，协调解决园区内企业落地、政策扶持和企业需要协调解决的重要事项等。同时，定期与市经信、科技、文化、统计等相关部门，研究市级文化科技类企业相关扶持政策。

四、存在问题、对策及相关需求建议

（一）基地面临的问题

1.网络视频内容监管问题

国家有关部委启动专项活动，严查网络侵权和涉黄涉暴涉黑的网络视频内容。受网络监管影响，对基地内游戏动漫、网络直播、电子出版、有声读物平台等企业有较大影响。为促进企业健康发展，高新区已牵头和中国电子科技集团公司电子科学研究院开展战略合作，在基地内共建移动互联网发展研究中心（厦门）分中心，搭建数字内容企业与行业监管部门沟通的渠道，真正做到有效监管。

2.企业人才问题

由于厦门文化类龙头企业偏少、就业者选择面较窄，同时行业收入相较房价处于较低水平，因此园区企业普遍存在招人难，尤其是招外地人才难的问题。随着近年来厦门生活成本不断上升，企业人才对薪金的要求也快速上涨。大量企业反映，仅2017年，企业的用人成本就上升了30%以上。受业态特点影响，基地企业的人才流动率一直处于较高水平，企业培养的人才较其他行业更易流失，不利于企业持续发展。针对上述问题，基地从以下三方面开展工作:一是帮助企业赴外地组团招聘。与智联招聘等知名顶级招聘机构合作,进行人才招聘。组织园区骨干企业赴清华大学、哈尔滨工业大学、武汉大学等高校开展人才集中招聘会。二是举办招聘会帮助企业“引进来”。基地每年在春季和秋季各举办一场人才专场招聘会,帮助企业加快人才集聚。三是牵线企业与高校合作。与市教育局合作,联合18所在厦高校和职业院校与园区代表企业开展校企对接会,对接人才培养、专业设置、校企合作等方面内容。

(二)提请解决的问题及建议

文化内容传播是厦门互联网企业的特色和强项,但根据目前政策,互联网企业很难申请到相关牌照,很大程度上限制了基地互联网企业的规模增长。

五、基地今后三年的规划

(一)基地发展定位

坚持科技创新与文化发展相结合,坚持创新创意与市场需求相结合,坚持规模扩大与内涵提升相结合,坚持硬件优化与服务优质相结合,充分发挥厦门的对台前沿平台作用,深化厦台在文化科技领域的合作对接,探索一条特色化、差异化的文化产业发展之路,把高新区建设成为厦门两岸文化和科技融合发展的示范区。

到2020年示范基地内企业营业总收入超过3650亿元,年均增速保持在15%以上。

(二)重点任务

1.着力提升文化科技“软实力”

围绕厦门国家信息消费、下一代互联网等试点示范城市建设，加快培育新产业、新业态、新模式，发展一批全球化平台型领军企业，进一步巩固并提升在全市的支柱地位和全国的竞争位势。数字内容领域。支持企业创作原创作品和品牌，发展在线娱乐、新媒体动漫、网络动漫、手机动漫游戏和网页游戏，继续做强做大4399、美图科技、中国移动手机动漫基地等全国性平台，对接台湾数位内容产业，把厦门打造成为中国游戏产业之都。依托今日头条厦门短视频基地，快速形成短视频产业集聚。移动互联网领域。鼓励企业开发具有自主知识产权的移动生活服务、移动社交、移动办公、移动游戏及移动医疗、移动金融等产品。大数据与云计算领域。重点突破海量数据处理、混合云管理、跨集群通信与数据迁移等关键核心技术，促进智能算法、亿级并发云服务器、海量数据存储与管理系统等应用创新，加快建设公共数据开放共享和服务平台。行业应用软件领域。鼓励企业围绕医疗、交通、旅游、金融、电子政务、安防、消费等行业开展智慧化解决方案和应用软件开发。信息安全领域。加快发展网络空间安全、基础类安全、终端与数字内容安全、网络与编辑安全、安全管理与测试等产品和服务。

2.着力推动数字化终端强芯补屏

围绕新媒体与移动互联网建设，紧盯行业趋势与技术前沿，延伸拓展上下游产业链，推进产业从芯片到屏幕再到终端，做强文化科技硬支撑。集成电路领域，推进集成电路设计产业园建设，重点设计智能手机、光通信、可穿戴设备、智能控制、智慧家庭等热点应用领域芯片及操作系统。提高12英寸晶圆先进制造能力和产能，推进14nm、10nm芯片生产线建设，探索突破7nm制造工艺。提升系统级封装、多芯片封装、3D封装等工艺和技术，开展高速、

SOC 等先进测试技术、解决方案和系统研发。平板显示领域。加强与触控 IC、显示面板等企业强强联合，鼓励投射式电容触摸屏、石墨烯、纳米银丝、In-Cell 等新技术、新材料应用布局，向先进触摸控制解决方案拓展。着力布局 3D 显示、车载显示、公共显示、可穿戴新型显示、智能家居显示等技术及应用，以应用终端驱动产业快速发展。计算机与通信领域。加强平板电脑的研发制造，鼓励企业向“制造＋服务”一体化的解决方案提供商转型。推进智能手机产品升级，加强 5G 等关键技术研发，超前布局面向 IPv6 的技术、网络设备和终端。鼓励企业适时切入云服务器、微服务器领域等热点领域。围绕终端产品配套需求，引进和培育一批传感器、微波器件等关键元器件科技型企业。

3.加快布局“智能＋”“文化＋”新兴产业

加快推进文化与软件信息技术的渗透融合，以“互联网＋”推进跨界融合创新，构建软硬融合的智能硬件产业生态，培育新兴产业领域的先发优势。嵌入式软件领域，加强与智能装备的融合研发，发展基于智能终端设备的嵌入式软件和集成系统。智能硬件领域，依托高新区产业优势，推进新一代信息技术与文化产业的渗透融合，重点突破智能数据感知、存储与应用、计算机视觉等关键核心技术，加大虚拟现实、增强现实在文化领域的集成应用和示范。智能终端领域，加强产品功能性、易用性、增值性设计能力，积极发展可穿戴设备、智能家居、车载智能设备、智能传感物联、智能医疗健康设备等。

4.做实两岸文化与科技合作交流

支持台湾青年来厦创业。完善台湾育成中心等现有两岸创业载体功能和服务，推动在两地建设一批各具特色、影响广泛的台湾青年众创空间、创客基地及分支机构。以软件园三期为试点，全力打造两岸融合创新社区。积极吸引台湾青年、专业人士、设计师、软件开发者、工程师等携带技术、项目、创意、想法来厦创业，对其给予创业启动资金、融资担保、租金补贴等扶持。

加强两岸人才交流往来。依托清华海峡研究院，积极对接台湾大学、台湾清华大学、台湾交通大学等名校，每年有序组织"台湾大学生厦门火炬高新区见习"活动，鼓励台资企业、本地龙头企业承接台湾青年学子实习，对企业给予资金支持。

吸引台湾资本带动产业资源转移。创新两岸产业合作模式，围绕光电显示、集成电路、智能制造、文化创意、物联网等台湾优势领域，吸引台湾风险资本、产业基金、民间资本先期导入，带动台湾专精特新类科技型中小企业、优质项目、创新服务平台等相关产业资源转移。

（三）具体举措

1.强化政策扶持

一是落实好省市区各级文化政策。重点扶持游戏动漫类企业等基地文化科技类企业，在行业标准、专利的制定、技改投入研发投入、人才招聘等领域有很大的提升。二是加大财税扶持政策力度。利用好市文化和科技融合产业专项资金，以奖励、贴息、资助等方式扶持重大文化和科技融合产业项目。利用好园区基地内的各项文化科技类相关基金，着力扶持初创型的文化企业做强做大。三是适时推动市文发办修订文化科技类企业扶持政策，提高政策扶持的力度和针对性。

2.培育文化科技融合创新主体

一是着力发展研发机构。落实厦门市关于引进和设立企业研发机构的各项扶持政策，引导和支持有实力的文化科技企业、高等院校和科研院所在数字内容、移动互联网与新媒体、创意设计等领域联合建立重点实验室、工程技术中心、技术研发中心、博士后工作站、技术服务平台、产业技术联盟等。

二是着力打造一批文化科技企业品牌。建立和完善文化企业品牌发展激励机制，建立品牌奖励制度。重点培育、扶持与发展一批在境内外有影响、综合竞争力强的文化科技品牌企业。

三是强化文化科技产业创新服务平台建设。建设一批为文化科技产业创新发展提供各类公共服务的重大平台，建立“开放、科学、共享、高效”的平台运营管理机制，促进文化科技创新，推进文化科技融合发展。

3.着力做好招商工作

坚持“非禁即入”原则，鼓励和引导非公经济进入文化和科技产业领域，发展新型业态。加大对知名企业、规模企业、品牌活动的引进力度。数字化创作生产方面。继续做强做大4399、美图科技、中国移动手机动漫基地等全国性平台，对接台湾数字内容产业，把厦门打造成为中国游戏产业之都。重点引进时尚设计、工业设计知名企业和人才落户厦门，对接台湾创意设计人才和商业模式。网络化快速传播方面。加快引进估值高、带动力强、影响力大的“独角兽”企业，建立“一对一”个性化服务机制，加速技术、人才、金融、第三方机构等各类创新要素集聚。数字化终端展示产品方面，继续强芯补屏，重点扩大台湾联电合作，落实一批IC设计项目；引进中微半导体、先进科技项目；争取AMOLED 6.0项目落地；促宸美项目实现产能增长等。

4.用好产业对接平台

继续用好两岸文化创意产业交流交易平台，争取在海峡两岸(厦门)文博会、海峡两岸图书交易会、厦门国际动漫节、“承艺复兴”厦门文化创意大赛等文化展会中，推动更多两岸文化和科技产业对接，重点对接台湾数字内容产业、创意设计产业、演艺娱乐业和文化旅游等产业，吸引台湾文创人才来厦创业。

5.做好人才培养工作

落实“厦门市海纳百川人才计划”，重点培养和引进一批文化和科技融合产业领军人才、高层次文化经营管理人才、文化科技融合的创新型人才，以及熟悉国际文化产业和贸易规则的外向型人才。同时制定完善相关政策措施，并在户籍管理、子女入学入托等方面为高级人才提供保障。

落实好相关政策，资助各类培训机构开展对急需人才的培训。加大“产学研”合作教育、企业联合培训力度，在厦门高校设立相关专业，加大对各层次的文化创意人才的培养力度，优化人才结构和发展环境，形成文创人才集聚高地。

（四）关键核心技术进展

围绕文化产业的发展过程，对其在数字化生产、网络化转播、数字化终端展示三个发展过程的关键核心技术，加大政府科技投入，开展关键技术攻关。

1.数字化创作生产

推动以软件园为基地的动漫游戏、影视制作、多媒体处理技术和虚拟仿真技术的发展，聚焦高清、三维和虚拟现实的内容制作，研究作品的制作和后期处理技术。加快超算中心、存储中心等建设，创新云计算服务技术和模式，加强运营服务建设和发展。

目前已在软件园三期建设人工智能超算中心和大数据存储中心。其中，人工智能超算中心，主要依托云知声开展人工智能基础算法研究、基础算法与下游企业应用相结合的工程研究。超算中心一期已建成，浮点运算能力可达到 3000 万亿次/秒浮点运算，二期工程建成后，超算中心浮点运算能力达到 1 亿亿次/秒浮点运算。

大数据存储中心主要依托中国数码港和中国电信建立大数据存储中心。其中中国数码港海西运营中心，总投资超过 18 亿元，总建筑面积 47 万平方米，主要为金融灾备中心、云计算中心。中国电信海峡通信枢纽中心，总投资 4.3 亿元，总建筑面积约 11 万平方米，主要为企业提供数据存储和服务器托管服务，目前一期工

蓝皮书

程已投入使用。

2.网络化快速转播

在三网融合、光纤入户、移动4G/5G网络的基础上，建设融合广泛、高带宽、高覆盖、稳定可靠的有线/无线网络，打造通向千家万户的文化高速公路。加强网络安全技术的研究，强化网络环境下数字版权的保护。研究高效快速的数字内容编码压缩和传送技术。研究海量文化内容的管理检索和深层次挖掘利用。

目前基地已实现全部光纤入户，在网络安全领域，基地拟打造数字版权保护公共平台，数字内容编码压缩和传送技术已取得关键性进展。其中，数字版权保护公共平台。拟与中国版权保护中心合作，在软件园三期设立版权产业基地，打造区域一体化版权产业服务平台，为区域内企业提供全面的版权支撑服务，同时立足“海丝版权保护”，提升对东盟、对台等海丝线路国家、地区的版权登记、版权贸易、版权保护的服务能力。

数字内容编码压缩和传输技术。依托网宿科技强大的数据分发和处理能力，在基地设立IDC，构建高效的数据内容分发平台，满足企业数据计算及交互需求。依托神州鹰低码流视频传输技术，推出针对幼儿园的掌通家园，已覆盖全国近2100余个县区，6万多家园所。正在推动云知芯建设闽南语语音识别和合成系统，将会有效推动闽南语语音识别在两岸旅游、文化、科技、医疗等领域深入合作应用。

（五）分年度计划

到2020年，示范基地内企业营业总收入超过3650亿元，年均增速保持在15%，具体分年计划详见表2。

表 2　厦门市国家级文化和科技融合示范基地分年计划表

年度	分年度计划
2018 年	实现营业收入 2780 亿元，推动 5 个以上重点文化科技类项目落地；争取建成公共平台 1～2 个；培育亿元以上企业 12 家，上市企业1～2 家。
2019 年	实现营业收入 3100 亿元，推动 5 个以上重点文化和科技融合类招商项目落地；搭建公共平台 2～3 个；培育亿元以上企业超 15 家，上市企业 2～3 家。
2020 年	实现营业收入 3650 亿元，推动 5 个文化和科技融合类招商项目落地；培育亿元以上企业 18 家，上市企业 2～3 家。

执笔：陆涛 周娟

时间：2018 年 8 月

调研报告

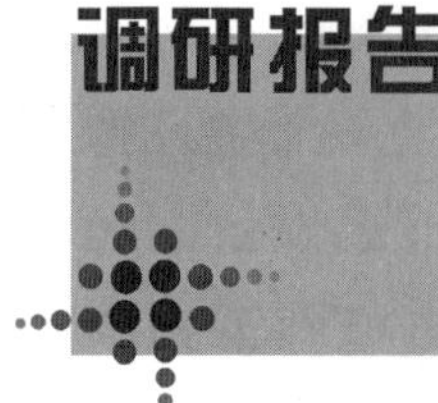

借鉴上海经验 推动厦门市文化产业发展

——关于“发挥自贸区优势、增强政策驱动力、促进文化产业高质量发展”专题培训班的总结报告

◎ 中共厦门市委宣传部　厦门市文发办

蓝皮书

为学习借鉴上海市发展文化产业的有益经验，特别是通过体制改革、机制创新、政策引导等推动国际文化大都市建设的探索实践，着力推动厦门文化改革发展，6 月 25—29 日，市委宣传部会同市委组织部在上海复旦大学新闻学院培训基地举办了“发挥自贸区优势、增强政策驱动力、促进文化产业高质量发展”专题培训班。市文化改革发展工作领导小组相关成员单位、各行政区、部分企事业单位、主要文创园区和重点文化企业相关负责人共 37 人参加培训，其中副局级以上领导 13 人。现将培训情况报告如下：

一、基本情况

上海市委宣传部和所属上海市宣传系统人才交流中心对厦门赴沪举办培训班高度重视，课程设置反复优化、现场教学点反复比选，所邀请授课的老师既有深厚的理论功底又有丰富的实践经验。

在为本次培训班授课的八位老师中，花建教授是我国知名的文化产业专家；王锦萍同志是原上海市委宣传部改革办主任，直接参与谋划和推动了近十几年来上海市的文化体制改革工作；申迪文化发展研究院副理事长金涛老师曾任上海市世博局活动策划部副部长、上海申迪集团有限公司总监和战略研究部总经理，直接负责了上海迪士尼项目的策划、谈判、建设等；何小兰老师是上海电视台知名媒体人、原东方明珠副总裁，对我国新媒体产业的现状和发展趋势有比较全面的了解，见解深刻；上海文联副主席何承伟是原上海《故事会》有限公司董事长、上海文艺出版总社总编、社长，他用具体案例对文化产业的产业价值、生存方式、经营模式进行了解析；上海市委宣传部发改办副主任曾原对上海“文创 50 条”进行深入解读；其他老师也都是上海交通大学等高校教授，从增强文化自信的视角为我们解读十九大精神，加深了我们对习近平新时代中国特色社会主义思想的认识。除了课堂集中授课，本次培训班还精心组织了现场教学活动，实地考察了上海音乐谷、1933 老场坊、长阳创谷、河马动画、喜马拉雅等上海重点文创园和知名文化企业，通过实地考察和互动交流，开阔了视野，加深了对上海市一系列政策措施的感性认识，对国际文化产业发展的一些前沿性趋势性的动向有了更好的把握，收获很大、体会很多。

培训班为时五天，安排紧凑、内容丰富、形式多样。学员们听课认真、发言积极、观察细致、思考深入，体现了特区干部和企业家们的良好学风和干事创业的精气神。本次培训班在七一前举办，还专门安排时间参观中共一大会址纪念馆，举行了集体宣誓，重温入党誓词。

二、上海文化改革发展经验

近二十年来，上海坚持全球化视野，在建设国际化大都市过程中，将文化软实力作为核心要素，把文化创意产业发展作为建设国际文化大都市的重要抓手，对标国际、精准定位。围绕建设具有国际影响力的文创产业中心，上海坚持党委主导、政府主办、国企引领、资本带动，不断优化文创产业发展的体制环境和政策环境，文化产业发展水平全国领先。上海市的统计公报显示，2016年，上海文化创意产业增加值3395亿元，同比增长8.2%，占全市GDP比重12.1%；2017年，实现文化创意产业增加值3718亿元，比增9.7%，占全市GDP比重12.3%，文化创意产业的增长速度超过全市GDP增长速度（6.9%）和战略性新兴产业的增长速度（8.7%），文化创意产业已经成为上海国民经济的重要支柱性产业。主要经验做法体现在以下四个方面：

（一）坚持开放思维，对标全球卓越城市，将文化创意产业作为建设国际文化大都市的重要抓手。上海坚持国际性、开放性的发展理念，深刻理解“在国际竞争格局中，最后拼的都是文化软实力”的国际共识，牢牢树立“抓文创就是抓发展，抓文创就是抓民生”的产业发展导向，在提出建设社会主义现代化国际大都市的同时，提出“加快建设国际文化大都市”的发展目标，把文化作为“提升城市吸引力、竞争力、影响力和软实力的核心要素”，把文化创意产业作为推动城市创新驱动发展、经济转型升级的重要动力，作为在更高水平上全面建成小康社会、满足人民过上美好生活新需要的重要支撑点。

早在2011年，上海从国际化大都市建设的目标出发，坚持全球化视野，把巴黎、纽约、伦敦、洛杉矶等全球都会型城市的文化产业发展实践作为自身发展的参照系，按照文化产业的辐射、关联和带动链条，对标提出“文化创意产业”产业体系和统计目录，全力打造全产业链、多向度服务、体现全球卓越城市发展方向的现代文化创意产业体系和市场体系，并在发展体制机制上作出了部署安排，取得了良好成效，在全国文化产业发展方面独树一帜。十九大召开后，上海着眼新时代的发展要求，又推出了“文创 50 条”，进一步提出“三步走”战略目标：未来 5 年，文创产业增加值占全市生产总值比重达到 15%左右，基本建成现代文创产业重镇；到 2030 年，占比达 18%左右，基本建成具有国际影响力的文创产业中心；到 2035 年，全面建成具有国际影响力的文创产业中心。在此基础上，规划建设全球影视创制中心、亚洲演艺之都、全球动漫游戏原创中心、国内网络文化龙头、国际设计之都、国际时尚之都、国际品牌之都、国际会展之都、国际重要艺术品交易中心等。

（二）坚持改革创新，着眼体制机制建设，全力破解制约文化改革发展的体制机制性障碍。建设国际文化大都市需要文化产业的大发展，但是，文化产业不是一般性产业，而是具有意识形态属性和产业属性的特殊产业，在发展方式和发展路径上可以借鉴伦敦、纽约、洛杉矶等国际大都会城市的经验，但在管理方式上必须坚持党的领导、发挥党委的主导作用，全力推动文化体制改革创新，突出文化例外，为文化创意产业发展营造良好的体制机制环境。在这个方面，上海走在全国的前面。

早在十六大统一部署文化体制改革“时间表”“任务书”“路线图”之前，2000 年前后，上海就启动一系列文化体制改革实践。在文化宏观管理体制上，一是建立文化改革发展重大事项决策机制，成立由市委副书记、常委宣传部部长、副市长、市委副秘书长、市政府副秘书长组成的“联席会议”，涉及文化改革发展重大事项由联席会议决策，解决文化管理职能交叉、重叠等问题。二是在推进转企改制、管办分离等改革的同时，以资本为抓手，建立国有文化资产监管体制，在市委宣传部成立国有文化资产监督管理办公室（编制7人），建立完备的经营性资产和非经营性资产分类管理制度，实现文化领域经营性和非经营性资产监管全覆盖、管人管事管资产管导向相统一、管办分离政企分开。三是建立公益性文化资助平台（上海文化发展基金会）和经营性文化产业投资平台（上海精文投资有限公司）。在微观层面，完成了世纪出版集团、文艺出版总社和电影集团等整体转企改制，完成了新华发行集团的股份制改造和借壳上市等，通过一系列的制度安排、机制设计和能力建设，把加强党对意识形态工作的领导与现代企业制度建设有机结合起来。比如，2004年针对老国有电影单位活力不足、经营困难（职工人均月收入300元）的窘境，开创性合并上海电影制片厂、上海美术电影制片厂、上海电影译制厂、上海科学教育电影制片厂、上海电影技术厂等单位，组建上海电影集团，同时将市级全电影产业链的存量资源全部配置给电影集团，重新配备领导班子，“闯出一条重生之路”。目前，上海电影集团已经发展成为全国产业链最全、规模最大、实力最强的电影集团，2017年完成IPO上市。

（三）坚持政策引导，充分发挥政策激励效应，用文化软实力增强城市的综合竞争力。作为文化“大码头”，上海市历来重视政策引导，充分发挥政策“招商－引智－引人”的积极作用。特别是2017年底上海市委市政府发布的“文创50条”，实施“三步走”发展战略，确立8大重点发展领域，对企业反映的资金、税收、土地、人才等方面的难点、堵点逐一予以突破性保障，同时还配套出台8个具体实施办法，引起了全国的瞩目，业界普遍反映竞争力强、操作性强、影响力强，解决了很多城市想解决而未能解决的难题。比如，优先保障新增文创产业项目土地供应，营利性文化事业项目用地可以协议出让方式供地；文创产业项目使用工业、研发总部用地，可以“带产业项目”挂牌方式供地；新增经营性用地出让，优先配建文化类公共设施；鼓励利用存量工业厂房、仓储用房、传统商业街(区)等房产、土地兴办文化创意和设计服务园区等。再比如,加强人才队伍建设,对“高峰人才”“海漂人才”分类施策、精准施策,将文化创意产业重点专业纳入非上海生源应届普通高校毕业生进沪就业重点专业和紧缺专业目录,享受居住证积分加分等。又比如,针对贸易便利化中的“堵点”,在艺术品交易领域,试点延长艺术品暂时进口货物通关单证有效期,联动上海自贸试验区“保税仓储”功能,提高艺术品通关、展示、交易的便利化水平;针对制约不同产业类型企业跨越式发展的“痛点”,如文化装备领域,确定将“设备研发生产纳入‘上海首台套政策’”的支持范围。

(四)坚持国企引领,整合国有文化资源,国有文化资本充分发挥骨干带动效应。在出版、广电、互联网、演艺、影视、创意设计等文化产业重点领域,上海市、区两级的国有资本均发挥了重要的龙头引领作用,特别是利用旧厂房改造、旧街区改造建设的文化产业园区,从拆迁改造到建设、运营、管理,都由国有文化企业担纲,政府集中配置行业相关的国有资源;同时,设立50亿双创文化产业投资母基金、100亿众源母基金的“组合拳”撬动文化市场,激活民间资本,加快推动电影、网络游戏、网络试听等一批重点文化产业升级发展,充分发挥文化产业国有资源聚集效应和国有资本一股独大优势。比如,从国家文化战略高度筹划引进美国迪斯尼乐园项目,专门成立申迪集团(一级国企)和申迪文化发展研究院,深入分析全球迪士尼模式,跳出“迪士尼公司负盈、当地合作企业负亏”的“迪士尼怪圈”,探索出上海模式,在经营管理权和收益分配上取得主动权,并积极融入中国元素,打造出“经典迪士尼、精彩中国风”,成为迪士尼对外合作的典范性项目,实现了经济效益和社会效益的双丰收。再比如,1992年,为筹集东方明珠广播电视塔的建设基金,上海广播电视台、上海文化广播影视集团有限公司(SMG)成立一级国企上海东方明珠(集团)股份有限公司,作为上海广电产业的发展平台和融资平台,1994年完成上市,成为全国第一家文化类上市公司、全国领先的综合型文化产业集团，入选“世界媒体500强”“中国互联网企业100强”及“上海百强企业”，并连续7年入选中国“文化企业30强”。又比如，上海音乐谷基地，围绕着上海内城的水系格局，建成包括国家音乐产业基地（全国首个正式获批的国家级音乐产业集聚区）、1933老场坊（欧式老屠宰场改造）、半岛湾时尚文化创意产业园、老洋行1913、1930鑫鑫创意园、星梦剧院、三角地艺术园、音乐谷游客中心等，总占地面积28万平方米，仅拆迁征收政府就投入60亿元，运营机构上海音乐谷文化创意管理有限公司为虹口区国有独资企业。此外，田子坊、八号桥、迪斯尼乐园、长阳创谷等知名园区或基地都是国企建设和运营。

三、启示建议

通过学习考察，借鉴上海经验，就厦门进一步做好文化改革发展工作，推动文化产业实现高质量发展，更好地服务“五大发展”示范市建设，特提如下四点建议：

（一）对新时代厦门文化产业重新定位。产业定位直接关系着产业的发展方向、路径、举措和实效。近二十年来，文化产业从无到有、从小到大，已经成为国民经济发展的重要支撑。随着我国综合国力的增强和新时代社会主要矛盾的转变，增强文化自信、推动文化产业高质量发展、使文化产业成为支柱性产业已经跃升为国家战略。北京、上海、浙江、广东、深圳、杭州等文化产业发展迅猛的省、市无一例外地把高速度、高质量发展文化产业作为城市功能品位提升、产业结构优化、社会转型升级的核心要素，着力提升城市文化软实力。

厦门文化产业的发展总体上与全国文化产业的发展态势同步

同向。十六大之后，厦门文化体制改革工作开始启动，文化产业发展工作开始进入议事日程。2008年，印发了首个文化产业发展规划，并首次出台了促进文化产业发展的若干政策，明确“将发展高端文化产业作为转变城市经济增长方式、优化产业结构、提升城市综合竞争力的重要着力点”。随着文化产业的发展提速，“十二五”期间进一步提出“推动文化产业成为厦门市经济社会发展的支柱性产业，并通过文化产业的跨越式发展来促进城市功能的提升、城市环境的美化和经济结构的优化”，确立建设“两岸文化产业合作的示范区、区域性创意设计之都、区域性影视产业中心、国家级数字内容与新媒体产业基地、国际知名的文化旅游目的地城市、国家级文化产品与服务的出口基地”等阶段性发展目标和“531”发展战略，并对创意设计、文化旅游、影视产业、数字内容与新媒体等四大重点领域和12个产业方向规划出明晰的路线图。围绕着文化产业的发展定位和发展战略，厦门文化产业的政策配套逐步形成、营商环境逐步改善，近年来厦门文化产业保持年均15%的增速。可以说，厦门对于文化产业的发展定位和发展战略总体上契合厦门城市品位和功能定位，在立足产业基础、区位优势和城市发展水平的前提下具有一定的前瞻性、科学性和引领性，对推动厦门文化产业发展发挥了重要的指导作用。

与此同时，我们也应该看到，厦门文化产业的发展水平并没有到达预期的发展目标，有些重点产业集群还没有专项规划也没有配套政策；有些产业集群如影视产业集群，虽然早有前沿性研究和出台了专项规划，但是有认识缺共识、有定位无举措，产业没有得到相应发展。可以说，厦门对文化产业的发展定位和发展战略的分析研究是下过功夫的，所制定的发展规划和发展战略符合文化产业发展的内在规律，也适应城市发展的内在要求。但是，与上海的发展绩效相比，我们的发展实效显然没有达到预期目标，我们的发展定位和发展规划没有发挥出应有的引导力。

导致这种结果的原因是多方面的，择其要者而言之，还是认识问题、体制机制问题、政策配套问题和国有文化企业不强问题等。其中，认识问题要解决的是新时代厦门文化产业发展的再定位问题。美丽厦门特别适合发展文化产业，“高素质高颜值”的厦门也必须推动文化产业实现高质量发展。学习上海的经验和做法，就要在对厦门文化产业发展目标和发展重点进行重新梳理的基础上，进一步明确文化产业在经济社会发展中的独特地位，将其摆上重要议事日程，在资源配置上实行倾斜政策，着力克服影响高质量发展的种种障碍。当然，对厦门文化产业发展的再定位，并非要全盘推翻前些年所提出的一系列发展目标和重点发展领域。十六大以来，厦门陆续提出的“四大产业集群”和“531”发展战略基本符合城市发展要求和城市的资源禀赋。所谓“再定位”就是根据新时代的新要求和新起点建设“高素质高颜值”之城的意见，重新明确文化产业发展在厦门“五大发展”示范市建设中的独特地位；对现行的重点发展领域进行优化，进一步突出创意设计、文化科技、文化旅游和电影产业在文化产业发展中的独特地位。

（二）健全发展文化产业的工作机制。一套运行顺畅高效的工作机制是落实工作的重要保障。学习上海经验推动厦门文化产业发展，一项重要工作就是要借鉴上海“发展产业、机制先行”的做法，改革制约发展的体制性机制性问题。

根据中央有关文化体制改革的总体部署，2005年厦门成立文化体制改革与文化发展工作领导小组，2009年成立文化产业发展协调领导小组，2012年两个小组合并成立市文化改革发展工作领导小组，市长担任组长，市委宣传部部长和市政府分管文化的副市长担任副组长，包括30个成员单位，办公室（简称“市文发办”）挂靠市委宣传部，属临时机构，依托市委宣传部的文化发展改革处开展工作。这些年来，市文发办编制产业发展规划、制定产业政策、协调重大项目、推动产业园区建设、开展产业统计及运行态势分析、对各区文化产业发展工作开展绩效考核等，统筹指导和协调推动全市文化产业发展，初步形成了部门联动、各区竞合发展的文化产业发展格局。

成立文化改革发展工作领导小组及其办公室作为深化文化体制改革、加快文化产业发展的统筹指导协调机构已经成为全国性范式，厦门在推动改革、促进发展方面的实践也证明这种工作机制具有合理性，基本适应发展的需要。由于文化产业的特殊性，宣传部门在这个工作机制中发挥主导作用，这也是全国各地的做法。但是，宣传部门并不能代替相关部门的具体作用。文化产业门类众多，涉及的部门很广泛，既涉及发改、财政等综合部门，也涉及文化、经信、科技等行业主管部门，要协调这众多部门和单位，文化改革发展工作领导小组的权威性就显得十分重要。建议借鉴上海“联席会议”议事决策常态化的模式，进一步强化文化改革发展工作领导小组的领导作用，提升领导小组的权威性，进一步明确和落实市文化改革发展工作领导小组及其办公室的职责范围、人员配备和议事制度，定期召开领导小组会议听取汇报、决策部署文化产业发展工作，每年召开全市性文化产业发展工作推进会议，健全完善党委领导、政府管理、各区各部门联动的文化改革发展工作运行机制，全面提升推动和发展文化产业的能力和水平。

（三）加强政策配套。文化产业是幼稚产业，也是朝阳产业，特别需要发挥政府的积极作用和政策的引领作用。上海作为开放性现代化国际大都市，产业基础、文化底蕴、人才集聚等方面均在大城市中有比较优势，但仍然坚持通过政策引导、厚植产业，对重点发展的文化产业各领域，从资金、税收、土地、人才等各要素给予全面的趋斜式保障。在“文创 50 条”指导意见出台后，2018 年又出台了 8 个配套实施办法，是全国文化产业核心领域人才、资金、资源等聚集度最高、发展最快速的城市之一。

相比较，厦门在过去 10 多年时间里，市委市政府主要领导也十分重视文化产业发展工作，甚至一度提出在文化产业政策方面要力求“人无我有、人有我优”。从实践层面来看，厦门也出台了一系列不同类型的文化产业扶持政策，但从含金量、针对性等方面来看，还做不到“人有我优”，只能算是“人有我也有”、属于政策上的“补短板”，厦门文化产业发展的政策环境还缺乏竞争力，缺乏政策上的比较优势，甚至在一些文化产业发展的重要领域还存在政策“缺口”，如文化金融合作、文化科技融合、文化旅游融合、对外文化贸易、文化文物单位文创产品开发等。2018年出台的《进一步促进文化产业发展的补充规定》是10年来市政府出台的第二份扶持促进文化产业发展的政策，对于弥补厦门文化产业发展政策的短板具有十分重要的意义，有关影视产业发展的扶持政策破了题，在业界产生了很好的反响。但就政策的优惠力度而言，该政策仍然在兄弟城市间处于中等水平，政策比较优势还不够明显，某些企业反映比较集中的诸如人才引进、文化对外贸易、税收优惠、用地等方面的政策还需要进一步推进。

以上海为参照系，结合发展定位，我们需要抓紧突破的政策包括：一是文化保税交易和文化出口政策。2013年初，市文发办积极协调促成了国内规模最大的文物艺术品保税拍卖“第一槌”，在全国领风气之先。上海在文化保税平台建设上起步比厦门晚，但力度很大，在过去不到6年的时间，上海已经发展成为我国最重要、最成规模的文化艺术品保税交易中心。除了上海的城市综合优势外，上海的扶持政策发挥了至关重要的作用。反观厦门在这方面的发展，似有“起个大早、赶了个晚集”之虞。建议利用厦门自贸片区获批全国首批文化出口基地的契机，加快政策配套，做实做强文化出口。二是人才政策。针对当前本市文化企业反映强烈的引进人才困难、留住人才困难、招工难等问题，出台有竞争力的人才政策已迫在眉睫。建议结合厦门新时代文化产业发展和重点门类专业人才培养需要，研究出台文化产业人才引进和培养实施办法，在文化产业人才评价、流动、激励等方面体现中央“实行文化例外”的需求。三是文化金融政策。建议学习上海、南京等地先进经验，请市金融办牵头积极探索文化金融政策，解决文化企业轻资产融资难问题。四是重点发展领域政策。建议针对厦门文化产业发展战略中的若干重点领域，如影视产业、高端艺术品产业，研究出台专项扶持政策。

（四）实施“国资引领”发展模式。在我国文化产业发展模式上，以上海为代表的国资引领型是一种比较成功的发展模式。建议借鉴上海经验，从厦门实际出发，在促进文化产业发展方面采取“国资引领”的发展模式，通过加强存量国有文化资源整合、优化资源配置，着力发挥国有文化资本引领文化产业发展的骨干带动作用。

随着以转企改制为中心环节的文化体制改革的推进，厦门陆续完成宣传文化系统的经营性事业单位转企改制，组建了三家国有文化企业集团（外图集团、厦门文广传媒集团、厦门报业传媒集团）。近年来，建发、特房、翔业等国有企业集团也相继投资文化产业，成立下属的国有文化企业。目前，厦门各级各类国有文化企业共计20家左右。数量不少，但总体上看，全市各级国有文化企业呈现出力量分散、主业不强的特点，缺乏对全市文化产业发展的引领力和带动力。学习借鉴上海“国资引领”发展模式，应推进国有文化资源整合，集中优势资源打造骨干文化企业。从当前厦门国有文化企业自身的运营能力来看，文广传媒集团组建4年多来跨区域多元化布局，发展思路清晰，发展前景看好，影视、会展、体育等板块年均增长率超过30%，已经成为在全国传媒领域有一定影响力的骨干文化企业，旗下运营的集美集影视文化产业园也迅速成长为省级重点文化产业园区。建议组建国有文化投资控股集团，整合文广传媒资源、外图集团出版发行等国有文化资源，并将一些适合发展文化产业的旧工业厂房、公房、文化场馆等配置给文投集团，做强做大国有文化企业，力争在较短时间内入选“全国文化企业30强”“福建省文化企业10强”，充分发挥国有文化资本在文化产业发展中的骨干带动作用。

与此同时，必须构建新型国有文化资产监管体制，加强国有文化资产监管工作。在深化文化体制改革进程中，中央明确要求实行文化例外，建立一套管人管事管资产管导向相统一的国有文化资产监管体制。这几年来，全国各地陆续探索建立国有文化资产监管机构及相配套的监管工作运行机制和管理制度，厦门也连续多年将这项工作纳入全面深化文化体制改革的“任务书”，进行了一些有益探索，但新型国有文化资产监管体制和运行机制还没有建立起来。日常工作中，沿用《财政部、中宣部、文化部、广电总局、新闻出版总署关于在文化体制改革中加强国有文化资产管理的通知》(财教〔2007〕213号)的规定，宣传文化系统内国有文化资产的重大变动工作通过市委宣传部部务会研究的方式进行审查把关、市财政局审批，努力确保重大国有文化资产的安全。在对国有文化企业的监管方面，由于没有专门的国有文化资产管理机构，日常监管上必然存在监管主体不明、职责不清的问题。宣传文化系统外的国有文化企业按照一般国有企业进行监管，没有按照中央要求建立把社会效益放在首位、实现社会效益和经济效益相统一的管理制度。建议以党和国家机构改革为契机，结合厦门实际，尽快建立一套中央要求的体现宣传部门有效主导、落实“管人管事管资产管导向相统一”的监管体制和工作机制，确保国有文化资产管理规范化、制度化、专业化，为更好地打造国有骨干文化企业、发挥“国资引领”作用奠定制度基础。

执笔：卓秋黎

时间：2018年8月

调研报告

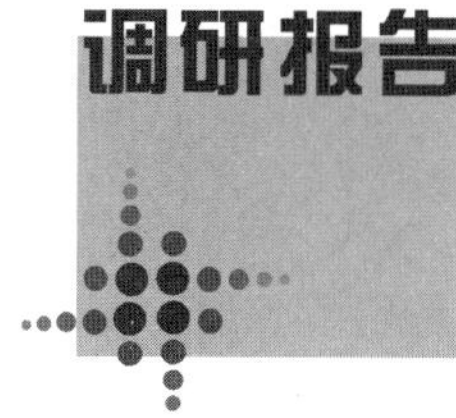

厦门地方戏曲生存发展情况调查报告

◎ 厦门市文广新局课题组

戏曲具有悠久的历史、独特的魅力和深厚的群众基础，是表现和传承中华优秀传统文化的重要载体。习近平总书记指出："闽南文化作为两岸文化交流的重要部分，大有文章可做"，"两岸同胞要加强文化交流，共同传承中华文化优秀传统，不断增强民族认同、文化认同、国家认同"。闽南传统戏曲，作为闽南文化的重要组成部分，是两岸文缘深厚的见证，是联系两岸同胞亲情的重要纽带。近年来，厦门地方戏曲剧团立足闽南文化、华侨文化特点及对台区位优势，在努力创排优秀剧目、广泛开展文化惠民演出，不断满足城乡民众对美好生活新期待的同时，主动担负起了厦门对台对外文化交流的重要使命，向台湾乡亲、旅居海外的华侨展示原乡故土的民族艺术，为争取民心、促进祖国统一大业及提升中华优秀传统文化的国际影响力做出了积极的贡献。

2015 年以来，中央及福建省先后出台了一系列推动戏曲传承发展的政策。厦门市委市政府及相关部门认真学习贯彻落实中央及省各有关部门出台的推动戏曲传承发展的各项政策，在深入调研的基础上，2016 年 1 月出台了《厦门市传承发展地方戏曲实施意见》(厦委办发〔2016〕10号),2018年9月出台了《厦门市文广新局厦门市财政局关于印发厦门市市属文艺院团(中心)文化惠民公益性低票价演出考核办法的通知》(厦文广新〔2018〕242号)等。

本课题着眼党的十八大召开以来,特别是2016年1月《厦门市传承发展地方戏曲实施意见》(厦委办发〔2016〕10号)实施以来我市贯彻落实情况,深入调研厦门市属专业地方戏曲剧团及民间剧团的生存发展现状,努力探索中国特色社会主义新时代推动厦门地方戏曲传承发展的方法。为方便研究,我们将曲艺南音一起纳入地方戏曲的调研范畴。

一、厦门地方戏曲剧团概况

厦门市地方戏曲主要有歌仔戏、高甲戏、木偶戏和南音。其中,南音入选世界级、首批国家级非物质文化遗产名录,歌仔戏和高甲戏、木偶戏入选首批国家级非物质文化遗产名录。

根据2016年剧种普查结果(详见表1),厦门市属专业地方戏曲剧团有三家,分别为厦门歌仔戏研习中心、厦门市金莲升高甲剧团、厦门市南乐团;具有营业性演出资质并具有市场经营能力的国有体制外的剧团,且重点为经营性戏曲演出的厦门民间职业戏曲剧团大约42家,如同安吕实力芗剧演出团、海沧区鑫春兰芗剧团、弘晏庄木偶皮影戏传习中心、黄月娇木偶剧团、翔安民间戏曲学校一团及二团等。同时,厦门还活跃着40个由南音弦友自发组建的南音社团。此外,值得注意的是,在厦门的民间戏曲市场中,还有相当数量的来自龙海、南靖等周边地区的民间职业剧团,广泛活跃于厦门各庙会活动中。

表 1　厦门市地方戏曲剧团及社团分布简况一览表

剧种	剧团及社团数量	市属文艺院团		民营剧团及民间社团	
		数量	代表性剧团	数量	代表性剧团
歌仔戏	18	1	厦门歌仔戏研习中心	17	厦门市同安吕实力芗剧演出团、厦门市海沧区鑫春兰芗剧团
高甲戏	8	1	厦门市金莲升高甲剧团	7	厦门翔安民间戏曲学校一团、二团
布袋木偶戏	17	0	/	17	厦门市弘晏庄木偶皮影戏传习中心、厦门市集美区黄月娇木偶剧团
闽南皮影戏	1	0	/	1	厦门市弘晏庄木偶皮影戏传习中心
南音	41	1	厦门市南乐团	40	锦华阁南乐社、集安堂南乐社、集美南乐社
合计	85	3		82	

长期以来，市属专业地方戏曲剧团主要承担着传承、保护和发展地方戏曲艺术，组织各类政府公益性惠民演出活动，送戏下基层、下农村、进校园，服务广大人民群众，以及对外、对港澳台文化交流等职能，在弘扬民族文化、传承保护与发展地方戏曲方面较好地发挥了示范作用。民营剧团则扎根乡土，深入乡村、宫庙开展商

业演出，延续着闽南文化的民间传统，同时发挥自身优势应邀赴外赴台开展商业演出，为地方戏曲传承发展做出积极贡献。

二、厦门市属专业戏曲剧团生存发展情况

厦门市属专业地方戏曲剧团是享誉闽南、港澳台乃至东南亚以及世界华人聚集地的重要剧团。

（一）生存发展情况

1. 戏曲舞台艺术精品创作结硕果。党的十八大召开以来，特别是2014年习近平总书记在全国文艺工作座谈会上的重要讲话发表以来，厦门市高度重视地方戏曲的传承、保护与发展，在市委、市政府的领导和市委宣传部的直接指导下，厦门市戏曲艺术工作者始终坚持以繁荣地方戏曲创作为己任，坚持深入生活、挖掘、整理、创新，充分发挥厦门市台湾艺术研究院在舞台艺术创作的组织、引领作用，以闽南传统文化为根基，积极推动闽南传统地方戏曲的艺术创作繁荣和发展。

2000年以来，厦门专业戏曲剧团创作生产水平不断提高，作品影响力愈来愈受广泛关注，在全省乃至全国影响力与日俱增，被誉为“厦门现象”，涌现出了歌仔戏《邵江海》《蝴蝶之恋》《渡台曲》《侨批》，高甲戏《上官婉儿》《阿搭嫂》《大稻埕》，南音《长恨歌》《情归何处》《鼓浪曲》等一批在全国、省、市有影响并获得诸多荣誉的精品剧目，荣获了“文华大奖”、“文华新剧目奖”、“文华编剧奖”、“文华舞美奖”、“五个一工程奖”（优秀作品奖）、“中国戏剧节优秀剧目奖”、“牡丹奖”、“中国戏剧奖·曹禺剧本奖”、“中国舞美展大奖”、“中国戏曲学会奖”等国家级重要奖项24个，省级奖项77个，市级奖项131个。

厦门地方戏曲在获得诸多荣誉的同时，也培养造就了像黄永碤、曾学文、朱伟捷等在全国戏剧界有一定影响力的领军人才，以及吴晶晶、苏燕蓉、杨雪莉等“梅花奖”“牡丹奖”戏曲艺术表演人才。

2. 戏曲艺术创作生产成果百姓共享。党的十八大以来，特别是2014年习近平总书记在全国文艺工作座谈会上的重要讲话发表以来，厦门地方专业戏曲剧团努力贴近实际、贴近生活、贴近群众，积极营造和谐文化氛围，组织获奖精品剧目和优秀剧（节）目持续深入开展服务社会公益活动，以公益演出为平台和载体，不断丰富市民的文化生活。同时，积极探索地方戏曲进课堂工作，推动地方戏曲优秀传统剧目进校园，培养青少年兴趣爱好，培育年轻观众群体。2016年以来，厦门通过加大力度购买公共服务，激发市属专业戏曲剧团广泛开展公益性低票价惠民演出的积极性，进一步满足市民群众的精神文化需求。2012年至今，专业戏曲剧团开展“假日舞台”等公益性文化惠民演出共4139场，实现了舞台精品艺术成果与群众共享，在满足市民群众对美好生活的新期待的同时，培养了一批戏迷“粉丝”群体。

3. 对台交流先试先行，闽南戏曲促进两岸同胞心灵契合，成效卓著。党的十九大报告中提出：“推动两岸同胞共同弘扬中华文化，促进心灵契合。”长期以来，闽南地方戏曲为两岸民众所喜闻乐见，具有深厚的群众基础和历史渊源，在两岸文化交流中具有重要的作用。改革开放40年来的两岸交流交往中，厦门市地方戏曲剧团先行先试，率先开展对台文化交流，取得了一系列重要成果，为两岸同胞架起沟通的桥梁，促进心灵契合和情感交融，为两岸和平发展和祖国统一大业做出了积极贡献。

（1）厦门市戏曲院团积极参与两岸文化交流活动，多次成功赴台演出交流，获得良好反响，近年来更率先尝试两岸戏曲合作，共同探索传统文化的“创造性转化和创新性发展”。1994年厦门市金莲升高甲剧团成为两岸"解冻"之后首个赴金门演出的大陆戏曲团体，引起极大轰动。2009年，厦门市歌仔戏剧团与台湾唐美云歌仔戏剧团合作创作演出《蝴蝶之恋》，被誉为"两岸歌仔戏发展的里程碑"，2010年赴台北、高雄演出，场场爆满，台湾媒体称之为"两岸戏曲合作的破冰之旅"。厦门市金莲升高甲剧团携手台湾导演李小平等创作演出高甲戏《大稻埕》，获得全国精神文明建设"五个一工程"优秀作品奖等。两岸戏曲合作先试先行，以文化人，积极促进两岸心灵契合。

(2)海峡两岸民间艺术节是文化部对台文化交流的重点项目，已经成为两岸艺术界和广大民众交流艺术、增进情谊的重要品牌活动，涵盖艺术展演、学术研讨、工作坊、艺术展览等活动项目。历经14年的海峡两岸民间艺术节在对台文化交流中发挥着越来越重要的作用。2012—2018年，两岸参与活动的表演团队及专家学者共计3150人次，参与活动的两岸民众共约15.6万人次。

(3)闽南地方传统戏曲培训交流合作日益活跃。厦门地方戏曲艺术家们多次应邀深入台湾校园展演、讲座、示范、教学等，全面展示和传播闽南地方传统戏曲，不断探索两岸戏曲交流新模式。2018年1月，厦门市台湾艺术研究院、台湾戏曲学院青年剧团、厦门艺术学校、厦门市金莲升高甲剧团共同主办的"闽南传统艺术种子培训"，吸引了台湾戏曲学院青年剧团18名学生及厦门艺术学校高甲戏班22名学生参训。厦门市金莲升高甲剧团名角名家，借助优秀经典剧目《阿搭嫂》的排练，认真传授高甲戏表演艺术，努力将闽南传统艺术根植于台湾青少年之中。

4. 对外交流与传播影响力俱增。

(1)先后在厦门成功举办第11届中国戏剧节、国际戏剧协会第33届世界代表大会、第21届中韩日戏剧节等国内、国际戏曲知名文化品牌活动，闽南地方传统戏曲艺术的国际影响力进一步得到提升。

(2)2017年9月,在金砖国家领导人厦门会晤期间,厦门地方戏曲特别是南音大放异彩。在专场文艺晚会“扬帆未来”上,厦门市南乐团精心表演的一曲南音《百鸟归巢》,让参与会晤的各国嘉宾深切感受到世界非物质文化遗产、千年古乐的魅力。9月5日,市南乐团在篔筜书院为中外来宾表演了古朴典雅的南音节目,展示了南音艺术的风采神韵。在服务重要外事接待中,厦门市属专业戏曲剧团精心编排的剧(节)目广获国家领导人及国际友人的赞誉。

(3)闽南传统戏曲对外交流日益频繁,传播影响力与日俱增。曾先后赴新加坡参加“两岸三地歌仔戏会演”,赴法参加“福建文化展示月”开幕式及“闽韵流芳”福建艺术团专场演出,赴新加坡开展商业性演出等,均取得了积极的成效。交流活动实现了“用地方戏曲缩短距离,增进友谊,密切关系”目标,深受广大海外侨胞和观众的喜爱,有力地提升了地方戏曲的国际影响力。

(4)闽南地方戏曲随着国家“一带一路”倡议的实施在我国对外文化交流中的魅力更加凸显。2018年3月,由厦门市旅发委主办,市政府新闻办、市外侨办及市文广新局参与协办的“海丝路,闽南情”——“一带一路”文化之旅活动,以歌诗达“新浪漫号”邮轮“一带一路”航线为依托,在马尼拉、长滩、文莱、沙巴沿线港口进行一系列交流推介活动。厦门市南乐团与其他艺术院团参与推介活动。通过文旅融合,向世界精彩呈现南音等闽南地方艺术,弘扬和传播了闽南优秀文化。

(三)存在的困难和问题

这些年,厦门市市属专业戏曲剧团在创作生产、传承与弘扬传统戏曲艺术方面虽然取得了优异的成绩。但是,当前,市属戏曲剧团艺术创新和发展也面临着许多困难与问题。

1. 既有政策的贯彻落实力度有待加强。市委办市政府办于

2016年1月联合出台的《厦门市传承发展地方戏曲实施意见》(厦委办发〔2016〕10号),从九个方面制定了厦门地方戏曲传承发展的实施意见,内容涉及资金投入、人才队伍建设、改善生产办公场所、戏曲抢救保护等方面内容。然而,由于相关内容的具体措施及条款尚待细化,厦门市属专业戏曲剧团剧目创排资金紧缺、人才队伍老化、生产办公场所亟须改善、戏曲抢救保护资金没保障等难题仍然没有解决。厦门地方戏曲的传承发展尚未形成有效的组织协调、统筹规划和督促落实的责任体系,未能与厦门特区经济社会和精神文明建设全面协调发展。

2. 地方戏曲创作好剧本难求。地方戏曲创作生产供给与市民群众对美好生活的新期待的矛盾仍然存在。尽管出了一些优秀剧目作品,但剧本创作盛而不强、优秀精品力作不多,有"高峰"没有"高原",好剧本难求,困扰剧团的创作生产。

3. 戏曲人才队伍建设机制亟待改进。人才是一团之本,尤其是青年人才。市属专业戏曲剧团中编剧、导演、舞美、策划、评论、营销等方面的人才还很缺乏。特别是在文化与旅游两个行政部门合并后,营销人才对市属专业戏曲剧团的发展显得尤其重要。戏曲演员进出一直难以突破现行政策,人才队伍结构无法优化,戏曲剧团人员青黄不接的问题突出。尚未设立优秀戏曲人才奖励措施。

4. 市属专业戏曲剧团深受自身单位性质困扰。3个市属专业戏曲剧团中,厦门歌仔戏研习中心属于差额拨款的全民所有制事业单位,厦门市金莲升高甲剧团和厦门市南乐团均属集体所有制事业单位。这3个专业戏曲剧团,长期由市财政按照事业单位给予80%的人员工资差额补助,没有办公经费。由于集体所有制事业单位不在市编制、人社部门管理范畴,厦门市金莲升高甲剧团和厦门市南乐团至今没有人员编制、办公经费,也未纳入机关事业单位养老保险,在新形势下,甚至连差额补助的人头经费申请也面临无据可依的困境。

5. 专业戏曲剧团生产条件亟待改善。由于历史原因，厦门歌仔戏研习中心（位于先锋营1号，系1949年前的老建筑）和厦门市金莲升高甲剧团（位于育青路13号，原文化系统职工宿舍楼），目前仍拥挤在老市区内，团部排练、办公场所空间狭小，破旧不堪，且无演出场所（目前高甲剧团借用集美校委会的福南堂作为排练办公场所），办公区域与部分家属居住区混杂在一起，安全隐患多，管理难度大，艺术生产环境差，这与经济特区社会飞速发展形成强烈反差。虽然近两年来，市文广新局一直在推动解决上述两个戏曲剧团的生产办公场所难题，积极筹备投建闽南戏曲艺术中心项目，但是至今尚未进入实质性施工阶段。

6. 扶持地方戏曲发展经费投入相对不足。

（1）财政经费投入不足。一方面是生产办公经费投入不足。由于3个地方戏曲剧团均是差额拨补单位，财政只拨80%的人员工资，没有办公经费。在这种情况下，3个地方戏曲剧团都必须靠演出收入贴补职工的20%工资差额，同时承担缴交职工社保基金、支付办公费用等。由于厦门市与全国一样，演艺市场特别是传统戏曲市场发育尚处初始阶段，戏曲剧团底子薄、包袱重、经费自给力低、赢利能力弱，随着工资水平及社会保险费的逐年增长，生存压力也将日益增大，发展的制约压力与日俱增。另一方面是创作经费扶持力度十分有限。一个剧目创作室，3个市属专业地方戏曲剧团外加厦门歌舞剧院、小白鹭民间舞艺术中心共计5个专业艺术院团，一年重点剧目创作专项经费仅150万元，每个单位平均30万元，要创作精品力作，捉襟见肘，常常心有余而力不足。2018年厦门专业地方戏曲剧团参加福建省第7届艺术节的剧目只有厦门歌仔戏研习中心创排的歌仔戏《侨批》和厦门市南乐团创排的剧目《鼓浪曲》，而厦门市金莲升高甲剧团编剧创作的现实题材剧本《老有所依》却因无资金至今未能投排。相比较省直戏曲院团一个团就有三至四台剧目参加第七届艺术节的情形，差距较大。

(2)社会力量进入地方传统戏曲领域的投资渠道不畅通，多元化的经费投入机制尚未形成。加大政府投入是地方戏曲走向复兴的重要支撑，没有足够的财政经费扶持，对于地方戏曲来说，发展无疑举步维艰。如果财政投入停滞不前，演出市场持续萎缩，最终受损的必然是地方戏曲的保护、传承与发展。而吸纳民间资金，目前尚缺乏政策性的鼓励措施。

7. 抢救、保护与研究整理力度不够。由于经费和专职人员的不足，剧团对现存的地方戏曲文献、资料的挖掘、抢救和整理工作无法进行，特别是对健在的老一辈艺术家丰富多彩的舞台艺术实践、艺术精粹和历史记忆的挖掘、抢救和保护力度有限。

8. 地方戏曲传播普及和推广未能形成合力。传统戏曲生存与发展最根本的基础是观众的培养，尤其是年轻观众的培养。然而，长期以来，新闻媒体对地方戏曲艺术活动、精品剧目和优秀人才的宣传力度不足。特别是利用现代传媒手段，通过网络、微博、微信等平台，更好地宣传和普及推广地方戏曲形式单一，办法不多，戏曲社会影响力有限。文化、广电、教育等部门的合作也有待进一步加强。地方戏曲的普及推广未能形成合力，严重影响了地方戏曲观众的培养。

三、厦门民营剧团生存发展情况

民营戏曲剧团，又叫民间职业剧团，通常称为戏班。在20世纪50年代之前，戏班均由团长私营。1951年全国性戏曲改革运动之后，一些较好的戏班经政府改造，成为国有剧团，民间自由组合、未获得政府资助的戏班，则成为民营剧团。本课题在2016年剧种普查的基础上，精心选取同安吕实力芗剧演出团、海沧区鑫春兰芗剧团及弘晏庄木偶传习中心3个比较有代表性的民间剧团作为研究对象。这3个民间剧团共同具备如下5个特征：一是已正式登记注册；二是具有营业性演出资质；三是具有市场经营能力；四是以经营戏曲演出为主要业务；五是均属非公体制。

（一）民间剧团生存发展情况

1. 深入乡村及宫庙演出，保护和传承地方戏曲。民间剧团的产生、存在及发展，是厦门民众传承闽南民间信仰信俗的需要。民间剧团数量众多，已经成为传统戏曲的最主要载体。民间剧团深入乡村及宫庙演出基层民众喜闻乐见的经典剧目，是戏曲保持生命力的重要手段，是保护和传承戏曲、弘扬传统民族文化的重要方式。近年来，一些民间剧团亦主动走进校园传承戏曲。

2. 丰富基层民众文化生活，推动社会主义精神文明建设。虽然经济社会科技发展，民众娱乐方式日益多元化，但是民间戏曲演出仍然活跃在厦门乡村及宫庙。这种现象说明在中国特色社会主义新时代，民间戏曲对满足基层群众对美好生活的新期待仍然具有不可替代的作用。特别是在乡镇，民间剧团的演出很大程度上丰富了农村群众特别是老人小孩的业余娱乐生活。同时，由于民间剧团大多已通过LED字幕同步播出台词，民间剧团演出同样也吸引了大量非闽南语系的外来务工人员前来观看。

3. 开展对台对外文化交流，提升两岸文化认同及中华优秀传统文化在国际上的影响力。同安吕实力芗剧演出团、弘晏庄木偶传习中心等多次赴台、赴东南亚演出，向台湾基层民众、旅居海外的侨胞展示、弘扬原乡故土传统民族艺术，不断提升两岸文化认同及中华优秀传统文化在国际上的影响力。

4. 民间木偶布袋戏剧团的演出活动，填补了市属专业文艺院团在此方面的空白。木偶布袋戏，作为闽南地区家喻户晓的、首批入选国家级非物质文化遗产名录的剧种，市属专业戏曲院团在此方面尚属空白。民间木偶布袋剧团深入乡村及宫庙等演出，更好地满足了基层民众对传统闽南文化的需求。

(二)存在的困难及问题

1. 缺乏扶持，民间剧团生存堪忧。民间剧团是适应市场需要自己发展起来的。长期以来，厦门文化行政主管部门在极力为市属专业戏曲剧团争取剧目创排资金、人才进出政策、改善生产办公环境等方面已是捉襟见肘，因而无暇顾及民间剧团的管理等。市委办、市政府办于2016年1月联合出台的《厦门市传承发展地方戏曲实施意见》(厦委办发〔2016〕10号)中，在第八部分“积极推动地方戏曲剧团改善设施条件”中提出了对民间剧团进行扶持，即“鼓励支持有条件的民间职业戏曲剧团建设自有剧场。对符合条件的民间职业戏曲表演团体，在创作上予以指导，在设备更新上予以支持，形成双轮驱动，互为补充的地方戏曲繁荣发展新局面”。但是，民间剧团并未因此真正从中获得扶持。

2. 经营者及演员等从业人员整体素质偏低。民间剧团是民间戏曲市场的主体，绝大多数属于个体投资。一般由剧团的团长组织经营与管理。大多数团长的文化程度、管理水平等专业素质亟待提升。演员是民间职业剧团的主体，大多存在职业道德观念、法制意识薄弱等问题。部分在民间戏曲市场上活跃着的个体中介，为了赚取尽可能多的佣金，也常常恶意把控民间戏点，借机牟取高额中介费。为民间剧团提供剧本的编剧专业素养参差不齐等。

3. 演职员流动性大，后备人才缺乏。民间剧团很难吸引和留住人才，以致人才缺乏、后劲不足。业务比较突出的演职员，往往只要其他民间剧团开出比较高的待遇就会选择跳槽，国有戏曲剧团一旦向他们伸出橄榄枝，他们便毫不犹豫选择走人。民间剧团在艰难求生过程中，确实无法做到“以待遇留人，以事业留人”。

4. 民间戏曲市场恶性竞争的状况缺少监管。同安吕实力芗剧演出团在民间剧团中属于比较规范和健全的剧团，剧目质量及演出效果较高，因此运营成本较高。一场戏金大致需要8000～10000元。然而，周边城市的一些民间剧团甚至“黑团”，为了争夺厦门民间戏曲市场竞相压价，戏金一场仅为4000～5000元，最低的仅为3500元，随之而来的当然是村民欣赏到的剧目演出质量没有保证。

四、推动厦门戏曲繁荣发展的对策及建议

（一）进一步深入贯彻落实中央省市支持戏曲传承发展的文件精神

党的十九大报告提出：“推动两岸同胞共同弘扬中华文化，促进心灵契合。”各级各部门要进一步认真深入学习贯彻党的十九大精神和习近平总书记在文艺工作座谈会上的重要讲话精神，学习中央和省市支持戏曲传承发展的文件精神，统一思想，提高认识，不断强化主体意识、责任意识、大局意识。要以传承和弘扬地方戏曲的历史担当，弘扬中华文化、促进两岸心灵契合的使命意识，紧紧抓住当前难得的历史发展机遇，紧密结合厦门实际，努力将《厦门市传承发展地方戏曲实施意见》（厦委办发〔2016〕10号）落到实处，推动厦门地方戏曲传承发展。

（二）科学规划，统筹协调发展，加强地方戏曲保护与传承

传承和弘扬地方戏曲是一项系统工程，不是一朝一夕的事，更不是一劳永逸的事，需要各级各部门高度重视，科学认真地研究对策，持之以恒地开展工作，形成合力，解决问题。因此，宣传、文化、发改、财政、人事、规划、土地等部门，要以贯彻落实中央省市推动

戏曲传承发展的政策为契机，研究制定繁荣和振兴地方戏曲发展中长远规划，并与经济社会“十四五”规划相衔接，统筹协调发展，为地方戏曲可持续繁荣发展创造良好条件。

(三)加大力度，改善地方戏曲剧团生产条件

要加快推动解决戏曲剧团排练、演出和办公场所问题，改善戏曲创作生产条件。在城镇建设和城市规划中，合理布局文化特别是戏曲演出空间。在符合城乡规划、土地利用总体规划和相关保护法律规定的前提下，推动闽南戏曲艺术中心尽快动工建设，作为厦门歌仔戏研习中心和厦门市金莲升高甲剧团的排练、演出和相关配套展示场所。整合优势资源共享，荟萃精华，增强辐射能力，搭建和形成创作、展演、交流、合作的平台。

鼓励支持有条件的民间职业戏曲剧团建设自有剧场。对租用剧场的民间剧场，给予一定的资金补贴。

(四)创新、完善戏曲人才培养机制和用人机制

1. 戏曲是一个特殊的行业，在人才培养和人才使用方面，都有自己的特殊艺术规律。要以创新的精神研究制定厦门戏曲人才培养计划，采取院校培养、校团结合等多种方式培育人才。要加大对厦门艺术学校的扶持力度，鼓励其与中国戏曲学院和台湾戏曲学院联合办学，培养戏曲人才。鼓励戏曲表演类民间艺人、非物质文化遗产传承人参与戏曲职业教育教学。探索设立“戏曲青年人才培养专项资金”和“戏曲专业人才特殊贡献奖励办法”，用于人才的培养和奖励。

2. 支持市属戏曲剧团参照省直专业院团的做法，采用提前退休或采用内退的方式，将有限的编制用于引进青年人才。根据戏曲院团实际需要和专业的特殊性，在编制、职称、职数等方面给予一定的灵活性，创新机制引进人才、用好人才。

3. 学习借鉴上海市针对戏曲院团出台的“一团一策”政策，推动厦门专业地方戏曲剧团进行内部机制改革，进一步解放和发展生产力。

（五）加大投入，支持地方戏曲可持续发展

1. 加大创作扶持力度。没有好剧本是困扰地方戏曲发展的重要因素，全国皆然。不下大本钱，不会有好效果。建议借鉴上海、宁波等地成功经验，设立厦门文化发展基金，重点用于扶持厦门地方戏曲创作，包括新剧目的创作和传统剧目的整理、改编，同时对优秀作品予以重点奖励。

2. 鼓励和引导社会力量支持国有及民间戏曲表演团体。鼓励和引导企业、社会团体或个人通过兴办实体、资助项目、赞助活动、提供设施、建立专项基金等形式参与扶持地方戏曲的传承发展，营造有利于社会力量支持国有及民间戏曲艺术表演团体的良好环境，发挥好政府引导和社会参与的综合效益。

3. 参照省政府扶持省直院团的办法，支持解决厦门市 3 个专业地方戏曲剧团特殊剧种补贴经费，演职员社保基金缴交及公用经费困难问题。

4. 将扶持民间剧团纳入提升基层公共文化服务体系范畴。一是参照市财政扶持市属专业文艺院团的办法，以政府购买演出服务的方式，各区财政每年向按要求完成年度演出场次的民间剧团购买戏曲进乡村、进校园惠民演出服务，每个剧团 50 场/年（每场补贴 8000 元）。项目列入各区委区政府每年度为民办实事工作计划。二是探索将帮助民间剧团人才培养等纳入市区文化馆、专业文艺院团、厦门艺术学校等单位年度工作绩效考核范畴。

（六）加强市属专业戏曲剧团与民营剧团互动交流

民营剧团与专业剧团之间虽存在一定程度上的竞争，但对于

整个戏剧事业的传承发展而言，二者是统一、互补的，需要加强相互间的沟通与交流。专业剧团储备有大量演出剧目，且在表演、化妆等方面更为精致，可与民营剧团结对互助，适当与之共享剧目，并对有需要的民营剧团予以技术指导。民营剧团的生存发展是一种客观的戏剧现象，需要戏剧研究机构去关注，与他们展开交流、互动，并总结、归纳民营剧团在生存发展过程中的特定规律，从而起到指导其发展的作用。

（七）加大地方戏曲传播普及和推广力度

传统戏曲生存与发展最根本的基础是观众的培养，尤其是年轻观众，因此，要花大力气做好戏曲的普及工作。一要在认真贯彻落实《关于厦门市“戏曲进校园工程”推进实施方案》（厦委宣联〔2018〕7号），强化学校戏曲通识教育，推动戏曲进校园，支持地方戏曲剧团到各级各类学校演出传播，鼓励大中小学生走进剧场，赏析地方戏曲。二要争取各级媒体设立地方戏曲的专栏专题，加大对地方戏曲艺术活动、精品剧目和优秀人才的宣传力度，充分利用现代传媒手段，通过网络、微博、微信等平台，更好地宣传和普及地方戏曲文化。建立厦门市地方戏曲对台、对外交流与合作的扶持和激励机制。

（八）加强戏曲的资料保护与理论研究

戏曲是活态的非物质文化遗产，除了技艺的传承之外，还需要对历史传承下来的资料进行记录整理和理论研究。一要切实落实非物质文化遗产保护的有关法律法规，对南音、歌仔戏和高甲戏项目进行分类保护，加强对地方戏曲的抢救与保护。二要以厦门市台湾艺术研究院为龙头，结合3个市属地方戏曲剧团，运用现代技术对各剧种的优秀传统保留剧目、现存地方戏曲文献和散落民间的各种传统戏曲珍贵史料等进行整理和保护。进一步做好对老一辈艺术家舞台实践和表演技艺的记录整理。加强对地方戏曲的发展历史、表演特色、剧本创作等的理论研究。编辑出版相关资料与研究著作。三要力争每年投入一定的资金用于地方戏曲剧团影音资料的拍摄,新创剧目的出版制作,老艺人的口述历史整理及图书资料的出版。

课题组负责人:李云丽
课题组成员:黄　荣　孙　博
吴慧颖　叶天霞
执笔:叶天霞
时间:2018年12月

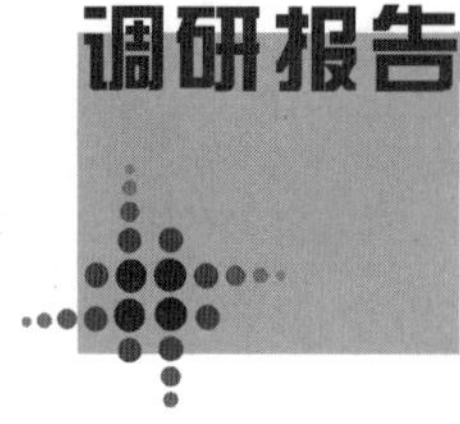

厦门日报社全媒体重大主题报道项目化运作的实践与启示

◎ 厦门日报社课题组

创新，是引领发展的第一动力。

中国特色社会主义进入新时代，对党媒的舆论引导能力提出了更高要求。做好重大主题报道，是主流媒体肩负的重要职责使命，是体现党性和核心竞争力的主要抓手，也是媒体舆论引导能力水平的集中检验。

习近平总书记高度重视党的新闻舆论工作，党的十八大以来，他对加强和改进新闻舆论工作提出系列富有创见的新观点新论断新要求，形成体系完整、科学系统的新闻思想。他反复强调要尊重新闻传播规律，创新方法手段，切实提高党的新闻舆论传播力、引导力、影响力、公信力；要推进网上宣传理念、内容、形式、方法、手段等创新，把握好时度效，构建网上网下同心圆。

时代是思想之母，实践是理论之源。厦门日报社深入学习贯彻习近平新时代中国特色社会主义思想，作为区域性的主流媒体，始终以政治家的眼界，开拓创新的格局，直指现实课题，尤其在媒体融合时代，将“创新”作为发展动力，不断拓宽工作思路，更新办报手段，增强发展活力，围绕中央、省市的重大战略决策部署和中心工作安排，紧跟核心，迈出步伐，踩准节点，明确重点，突出亮点，唱响主旋律，打好主动仗，将现代管理学的项目化管理理念和实践引入媒体运作，在重大主题宣传报道中，加以运用并完善，目前已经初步形成一套独有的全媒体重大主题报道项目化运作体系。运用全媒体重大主题报道项目化体系，借助多媒体平台，采用全媒体全景式报道，有效提高主题新闻宣传的吸引力、感染力和传播力，得到上级领导和广大受众的高度褒扬和充分肯定。这些都充分表明，目标明确、协同作战、模块组合、全程把控的项目化运作模式是厦门日报社立体宣传的法宝。

一、引入全媒体重大主题报道项目化运作的背景和思考

项目化管理是现代管理学的一个分支，是以项目为对象的系统管理策略，通过一个临时设立的专门组织，对项目进行高效率的计划、组织、指导、协调、制约和评价，以实现项目目标。美国项目专家保罗·格雷斯(Paul Grace)认为："当今社会，一切都是项目，一切也将成项目。"项目化运作的概念，当前已被广泛应用到各行各业的管理中。

为何选择引入全媒体重大主题报道项目化运作，厦门日报社在新闻采编业务实践中形成了如下的共识：

(一)这是重大主题报道创新的需要

新时代对党媒的重大主题报道提出新要求。特别是在互联网的传播语境下，党媒的重大主题报道不仅不能削弱，而且应该发挥更强的优势，引导好社会舆论。但在实际操作中，依然存在"炒冷饭""收发室""唱四季歌"等问题，忽视受众需求，未作新闻变压，传播手段单一，报道内容乏味，八股味偏浓。重大主题宣传报道引入

项目化运作，是以最终的社会效益来设定目标和评估结果，促使组织者必须高度重视受众需求，改变按部就班的惯性，设置更为科学量化的项目目标，并细化为可操作可执行的“工作包”“任务包”。这有利于打破传统思维的桎梏，打破常规主题报道的套路，让参战者保持新鲜感，激发创作欲望，迅速进入状态，将重大主题报道做得出新出彩。

（二）这是全媒体时代报业转型的需要

在互联网时代，受众对主题宣传报道的形式和方法越来越挑剔，对主流媒体在创新手段、创新方法，以及时度效方面都提出了更高要求。主流媒体要保持“江湖地位”，必然要主动升级，充分运用多种立体化传播手段，千方百计满足受众对资讯的多样化需求，牢牢把握舆论引导的主动权，才能站稳舆论引导的制高点。引入全媒体重大主题报道项目化运作，可有效发挥媒体融合的特性，集中优势兵力，打出组合拳，对重大主题集中火力全面强攻，迅速形成报道声势。比如，新媒体采用微信专题、微视频、音频、在线直播、H5 等短平快的新手段，迅速吸引受众眼球；纸媒运用特刊、专版、系列报道、评论等全面、深度的报道，梯队推进，提供更具体、更纵深的资讯，以丰富多样的内容与形式，吸引受众，增强重大主题报道的传播力和影响力。

（三）这是深化采编流程再造的需要

在媒体融合的大背景之下，传统媒体与新媒体进行媒介融合，不仅是技术升级、平台拓展、内容创新，更重要的是组织架构的创新，即流程再造。传统媒体的采编部门是按照口线分工设置，具有条块分割、职能确定、运转有序等特点，但也存在僵化固化、效率偏低等问题。导入全媒体重大主题报道项目化运作，既保持原有管理制度基本稳定，又推动机制创新，探索出一种灵活高效而易于操作的实用新流程。它组建的临时项目团队,打破了原有的采编部门界限,采用扁平化管理方式,较大幅度地缩短采编流程和时间,能在最短时间内集合全报社各部门各领域的精兵强将,按战区制、模块化的方式,排兵布阵,优化配置人力资源,使新闻资源得到充分开发,真正实现"一次采集、多种生成、多元发布"的全媒体采编流程,也为新型主流媒体所需的复合型人才培养提供了"孵化器"。

因此,引入全媒体重大主题报道项目化运作,是重大主题报道创新的需要,是全媒体时代报业转型的需要,是深化采编流程再造的需要,说到底,是提升党的新闻舆论传播力、引导力、影响力、公信力的需要。

基于此,厦门日报社率先大胆地引入现代企业的项目化管理理念,进行全媒体重大主题报道项目化运作。结合现代化管理的五要素(计划、组织、指挥、协调、控制),灵活采用管理学的进度管理、时间表、行道图,对整个宣传报道过程进行全程监控和监测,并随时做出调整,按目标设定,持续推进。战役结束后,按照评估体系进行事后考评并总结,确保全程在一系列有力的激励和管理机制保障下,实现重大主题宣传的社会效益最大化。

二、全媒体重大主题报道项目化运作的做法及成效

(一)打破部门界限灵活重组团队,科学有效整合资源

高效有序的团队协作是一个组织的制胜法宝,正如彼得·德鲁克所言的"今天的组织需要的是由一群平凡的人,做出不平凡的事"。媒体项目化运作的团队协作关键点在于,科学有效地整合配置人力资源和新闻资源,让每个人在团队中充分发挥其特长。

厦门日报社根据重大主题宣传报道的需要,由编委会授权成

立临时策划执行团队，采取面向项目的目标管理模式，把整个新闻策划细分为一个个子项目，并围绕这些项目来配置资源。参与成员从各职能部门临时抽调，由项目负责人统一调度指挥。项目完成后，临时团队随即解散，所有抽调人员回归原岗位。项目选定的团队成员，都是从各个部门精心挑选的素质精良、业务熟练的骨干，他们独当一面，有其擅长的领域和独特的新闻资源。跨部门进行人员重组后，可实现对新闻资源更加科学、合理、有效地开发、配置，从而达到最佳传播效果。

厦门日报社从2013年就开始尝试开展全媒体重大主题报道项目化运作。在若干成功案例中，引人注目的是一场持续了四年之久的防范和打击电信网络诈骗宣传报道的集合战役。

从2015年起，厦门日报社将防范和打击电信网络诈骗宣传报道列为一项重大主题宣传战役，成立专项新闻项目组，在全报社系统，包括《厦门日报》、《厦门晚报》、《海西晨报》、厦门网、新媒体中心等各子报、网站和新媒体，组织人力，进行统一策划、统一指挥、统一调度、统一行动、统一步调，形成全媒体阵容。厦门日报社旗下的《厦门日报》、《厦门晚报》、《海西晨报》、厦门网组成“反诈骗联合采访组”，与厦门市公安局和市反诈骗中心深度合作，通过联合采访的方式，总结、提升和推广反诈骗的“厦门经验”。联合采访组成员都是各单位各部门社会口的精兵强将，每次采访报道需要统一行动时快速集结，任务一完成即回归原部门。

在统一步调下，日报、晚报、晨报、厦门网、新媒体充分运用各自的新闻资源，按照各媒体自身的定位，以不同形式对所采集的新闻内容进行加工、呈现，生动地向群众揭秘最新诈骗手段，多角度提醒市民要提高警惕，谨防被骗，有效营造社会舆论氛围。同时，新媒体也通过报社官方微信公众号、官方微博、ZAKER厦门等新媒体平台，以新媒体的表现方式，发布防范和打击电信网络诈骗的宣传报道，通过裂变式传播，让更多人增加防骗知识，增强防范意识。这些集束式大规模的报道成效明显，据统计，2015 年以来，厦门的诈骗警情呈下降趋势，2018 年 1—5 月，全市电信诈骗案件同比下降 39.42%，降幅创历年来新高。这种局面的形成，反诈骗宣传报道持久战功不可没。

（二）采取战区制模块化组合模式，创新再造采编流程

厦门日报社汲取模块化编制的精髓，力推多兵种“合成旅”协同作战，按战区制、模块化组织战役，合成程度高、层次多、方式活。

重大宣传报道战役接踵而至，甚至同时叠加，报社就把一个个宣传报道任务划成“战区”，从各个“兵种”调度相应的模块兵力，作为“插件”，安排到重大“战区”中，在最短的时间内整编出所需的“部队”。同一战役中，多兵种组成的“合成旅”，在编委会领导、项目团队负责人的直接指挥下，用一致的作战原则指导各模块的行动，作战时相互支援、各有侧重、进退有序，确保各“兵种”发挥最大效能，增强整体运作的系统性。“合成旅”内部，按模块分工，有的进行项目策划、版面统筹、视频制作，有的从不同角度、不同方位对重大事件、重大活动进行多角度、立体化、全景式报道，有力增强主题报道的广度和深度。这样有层次、全景式的集中火力的轰炸式报道，大大提高了主题宣传报道整体的影响力、感染力和传播力。

2017 年 9 月，世界瞩目的金砖国家领导人厦门会晤举行。作为本地主流媒体的厦门日报社，充分利用厦门会晤这一重大宣传报道战役，全面扎实地推动传统媒体与新兴媒体的深度融合，实质性推进架构重组和流程再造，升级全媒体重大主题项目化运作体系。报社成立了统一的厦门会晤报道总指挥部，由总编辑担任总指挥，强化“中央厨房”功能，打破过去一直存在的行政壁垒，所有的一线记者由指挥部统一调度，避免各自为战；记者采写的稿件发往统一的“超级编辑部”，由其根据各媒体的定位和特点分发，再由各媒体编辑部根据自身需要编发；所有稿件的署名均冠以“厦门日

报社融媒体记者”,这在报社历史上尚属首次;重大新闻均由融媒体中央控制平台在第一时间发布,微博、微信、客户端等移动传播载体全方位出击,多点开花,使厦门日报社的融媒体产品被移动用户竞相转发。不同终端的新闻产品相互配合、相得益彰。集团化作战,差异化操作,使厦门日报社的金砖报道形成了一部壮阔、宏伟、多声部的大合唱,得到了中宣部、省委宣传部和厦门市领导的充分肯定,体现了本地主流媒体的水平和战斗力。

在模块化编制的背景下,整个新闻报道被划分为一个个小项目,分解为相应的“工作包”,逐级分解,责任到人,一竿到底。这样的操作方式 ,无论对于持久战役或是短期战役,都是通用的。持久战,如厦门会晤,在会前、会中、会后,每个阶段都有不同的任务包,每个子项目也有不同的工作包。每一项策划、特刊、微信视频均有专人负责,虽然整体宣传跨度一年,但有条不紊、渐次推开,最终展现出多层次立体化全景式的宣传阵势。短期战,如《厦门日报》2018 年 6 月 4 日推出“新时代构建特区新优势 厦门打造国际一流营商环境特别报道”特刊。总编辑的创意点子一提出,相关部门就立即按照战区制模块化组合融合作战模式,迅速组建战区,将项目策划、长篇通讯、特刊制作、编辑出版、新媒体传播等工序,分解成对应的“工作包”,分组布置,分部组合,头尾仅短短的 4 天就推出了一份内容扎实、版式创新的 12 版特刊,受到了市领导及社会各界的肯定与好评。

(三)实施进度管控节点评估,确保项目精准发力

项目化运作重视对过程的管控。现代管理学中有一个“改变航道原理”,指的是在计划总目标不变的前提下,实现目标的进程(即航道)可因情况的变化随时改变。就像航海家一样,必须经常核对航线,一旦遇到情况就要绕道而行,故此原理被称为“改变航道原理”。厦门日报社在项目化运作过程灵活采用进度表、航道图

等先进手段，在项目实施过程中不断监控评估，随时根据事态的进展、宣传的反响，进行报道方案调整。在重大主题宣传报道过程中，项目负责人根据管理的五要素（计划、组织、指挥、协调、控制），对其所负责的项目进行组织、指导、检查，随时发现工作中存在的问题和不足，及时制定改善措施，有针对性地调整报道策划的思路和方案，有的放矢地组织相关报道，让重大主题报道更具层次性，更有针对性，更富感染力。

2016年抗御第14号台风“莫兰蒂”的宣传报道，对报社来说是一场遭遇战。这场1949年以来登陆闽南地区的最强台风，造成的破坏程度大大超过了预期。面对这场数十年不遇的特大灾害，厦门日报社迅速组建专项报道项目组，启动应急报道预案，在台风前后多次召开部署会，要求全力以赴、全员投入，有效组织、批次推进，联合调度、共享资源。在台风登陆前，做好跟踪，做足提醒；台风登陆后，重点反映全市上下生产自救、重建家园。但是，重大自然灾害事态进展没有预先的剧本，不实传言开始传播，一时间人心紧张。报社立即针对新情况，调整报道思路，组织力量，一是及时澄清事实，阻击谣言；二是加大对暖心故事的挖掘，带动全城志愿热潮。沿着这两条主线，报社适时调整宣传报道“航道图”。融媒体平台第一时间发布有关部门准确消息进行辟谣，点击和转发率达数百万之巨，对迅速平息不实传言起到了积极作用。同时，一个个充满人文关怀的暖心故事，迅速点燃了全城志愿热情，引导全市干部群众自觉奋起抗击“莫兰蒂”台风。厦门日报社倾力地宣传报道，迅速准确传达党委和政府的声音，让正能量迅速传抵全国各地，甚至是海外异邦，得到了市委、市政府主要领导和市委宣传部主要领导多次表扬，并被市民誉为困难时刻的“风向标”，为维护社会稳定起到了“定海神针”的作用。厦门日报社也将此次宣传报道作为突发自然灾害报道的经典案例，为今后类似情况提供了参考样本。

全过程的掌握，还包含事后考评。战役结束后的“回头看”总结也是项目化运作必不可少的环节，一是有利于发挥优势，将社会反响好的经验做法，进一步提升推广；二是有利于吸取教训，分析宣传战役中存在的问题和不足，研究制定改进优化策略。

“莫兰蒂”台风过后，报社认真总结本次作战过程的经验，重新修订《厦门日报社重大突发事件新闻报道应急处置预案暨工作手册》，细化响应机制和组织措施，有力地提升重大战役的整体作战能力。

三、全媒体重大主题报道项目化运作的启示

（一）全媒体叠加，激发新闻舆论工作新活力

在互联网迅猛发展的时代，各类资讯过度泛滥。主流媒体如何在众声喧哗中，占领阵地，引导舆论，这是必须面对的重大历史课题。从厦门日报社的全媒体重大主题报道项目化运作具体实践，我们不难发现，主流媒体在重大主题报道中不能缺位，必须发出权威主流的声音，站稳舆论的制高点；必须与时俱进，深植“用户思维”，从全媒体的视角，运用融媒体手段做好新闻变压，形成舆论引导“叠加效应”，拓展主流声音传播途径和主流媒体覆盖范围，提高传播力影响力和舆论引导力，从而激发新闻舆论工作新活力。

（二）模块化组合，提高舆情应对的速度

舆论引导的最佳时机，是在第一时间。兵贵神速，抢占先机，先声夺人，就是在舆论阵地上首插红旗。项目化运作的组织架构的特性决定媒体能快人一步，抢先发声：临时性，一战役一组织，战后即解散，它所采用的战区制模块化组合模式，灵活机动，组建迅

速;多元化,人员混合化,多兵种作战,作品多元化,多媒体呈现,能借助网络的力量快速传播。因此,项目化运作兼具组织快和传播快的特点,有利于主流媒体主动作为,快速出击,打好主动仗。

(三)标准化流程,为业界提供可复制样本

报社的项目化运作,每个环节都重视标准化。标准化意味着可复制。产品标准化、流程标准化、操作规范标准化,包括特刊的组合、融媒体稿件的分配传递、宣传节点的把控评估,均有章可循。此项创新实践,经过厦门日报社多年的实践证明,无论是持久战,还是遭遇战,标准化的流程都是适用的,为业界提供了一份可复制的样本。

(四)目标激励原则,培育复合式融媒型人才

项目化运作以目标效益为考核内容,激发了参战人员潜在的工作能力和自我实现的需求,使得一部分想干事、能干事、干成事、好共事的优秀人才脱颖而出,为报社选拔复合式融媒型人才提供后备人选。由此,项目化运作将竞争机制、激励机制、约束机制、奖惩机制等有机结合在一起,提高报社整体宣传报道的战斗实力,为报社建设新型主流媒体奠定了坚实的组织基础。

课题组负责人:江曙曜
课 题 组 成 员:王彪、杨家慧、李莉琴、田家鹏
执笔:李莉琴
时间:2018 年 7 月

调研报告

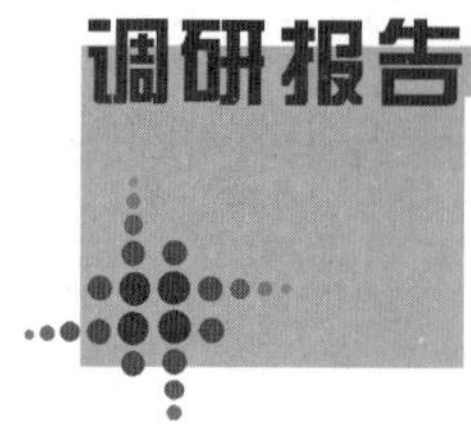

实施政策与技术的双轮驱动战略　推进同安区文化产业实现高质量发展

——同安区文化产业政策咨询报告

◎ 厦门理工学院课题组

蓝皮书

文化产业政策对发展文化产业具有重要引领和促进作用。近年来,文化产业逆势而上,成为新的经济增长点和经济转型升级新的支撑点。文化产业内部悄然发生着变革,在转型升级的跑道上实现跨越式发展。十九大以来出台的一系列文化产业政策,表明中央政府层面对文化产业发展有了新的定位和思考,体现当下文化产业发展的内在要求。新的政策取向,指明文化产业发展新的风向标。文化产业的动态性特点决定了地方政府的相关政策不能墨守成规,要不断创新,建立、完善符合地方定位并突出地方特色的文化产业政策体系,统筹规划,协调管理,多方面进行扶持并加强监督,提高文化产业政策及管理的有效性。基于此,本报告在努力把握国家、福建及厦门文化产业发展趋势和政策走向的基础上,实事求是分析同安区文化产业发展现状,提出制定同安文化产业政策建议,以期推动同安文化产业弯道超车,加速发展。

一、文化产业发展的国家战略与政策走向

十八大以来，在以习近平同志为核心的党中央坚强领导下，我国紧紧围绕全面建成小康社会目标和“五位一体”总体布局，全面推进文化产业发展，进一步优化文化产业发展环境，文化产业规模持续扩大，对经济增长的贡献显著提升。《2018年政府工作报告》提出，过去五年，我国GDP年均增长7.1%，而文化产业年均增长达到13%以上，几乎是GDP年均增速的两倍。2017年，我国文化产业增加值达到3.45万亿元，增速提高3.3个百分点，占GDP 4.4%，2017年全国5.5万家规模以上文化及相关产业企业实现营业收入91950亿元，比上年增长10.8%，持续保持较快增长，距“文化产业成为国民经济支柱性产业”的目标仅一步之遥。

(一)文化产业环境持续优化，前景持续向好

1.“十三五”规划全面布局文化产业新格局

“十三五”时期是全面建成小康社会决胜阶段，也是促进文化繁荣发展的关键时期。2017年5月，中央印发国家“十三五”时期文化发展改革规划纲要，提出要在“十三五”末把文化产业打造成为国民经济支柱性产业。

党的十九大报告站在新时代的历史方位，对文化体制和文化产业提出新的发展要求：要“健全现代文化产业体系和市场体系，创新生产经营机制，完善文化经济政策，培育新型文化业态”。深化文化体制改革，完善文化产业政策，培育新型文化业态，打造现代文化产业体系是我国未来文化产业发展面临的重要任务。

2.“供给侧”改革与文化“走出去”两翼齐飞

要推动文化产业尽快成为国民经济支柱性产业，必须加快文

化体制机制改革创新，从供给端和需求端共同着力，进一步提升公共文化消费产品供给水平和层次。2017 年 4 月，文化部、财政部发布《关于开展引导城乡居民扩大文化消费试点工作的通知》予以积极引导。并先后分两次确定了 45 个国家文化消费试点城市，旨在通过多点尝试以探索行之有效、能复制推广、可持续的经验做法，发挥典型示范和辐射作用，进而全面促进文化消费优化与增长。

文化"走出去"也是国家文化发展战略的重要步骤。《文化部"一带一路"文化发展行动计划（2016—2020 年）》于 2017 年 1 月正式公布。《行动计划》提出，建立和完善文化产业国际合作机制，加快国内"丝绸之路文化产业带"建设。以文化旅游、演艺娱乐、工艺美术、创意设计、数字文化为重点领域，支持"一带一路"沿线地区根据地域特色和民族特点实施特色文化产业项目，加强与"一带一路"国家在文化资源数字化保护与开发中的合作，积极利用"一带一路"文化交流合作平台推介文化创意产品，推动动漫游戏产业面向"一带一路"国家发展。鼓励和引导社会资本投入"丝绸之路文化产业带"建设。

2017 年 11 月，国务院办公厅下发《关于进一步扩大旅游文化体育健康养老教育培训等领域消费的意见》。要求围绕旅游、文化、体育、健康、养老、教育培训等重点领域，引导社会资本加大投入力度，提升服务品质、增加服务供给，不断释放潜在消费需求。

3.确立数字创意产业国家新兴战略性地位

2016 年 12 月，《"十三五"国家战略性新兴产业发展规划》提出信息技术、高端制造、生物、绿色低碳、数字创意等五个新兴产业的发展目标，并提出了："战略性新兴产业增加值占国内生产总值比重达到 15%，形成新一代信息技术、高端制造、生物、绿色低碳、数字创意等五个产值规模 10 万亿元级的新支柱，并在更广领域形成大批跨界融合的新增长点，平均每年带动新增就业 100 万人以上”的发展目标，针对数字创意产业，《发展规划》也提出了具体要求：“以数字技术和先进理念推动文化创意与创新设计等产业加快发展，促进文化科技深度融合、相关产业相互渗透。到2020年，形成文化引领、技术先进、链条完整的数字创意产业发展格局，相关行业产值规模达到8万亿元。”

2017年4月，文化部发布《关于推动数字文化产业创新发展的指导意见》，即“以文化创意内容为核心，依托数字技术进行创作、生产、传播和服务，呈现技术更迭快，生产数字化，传播网络化，消费个性化等特点，有利于培育新供给，促进新消费”。数字创意产业国家新兴战略性产业地位的确立，必将促进数字创意产业的突飞猛进。

（二）文化产业热点频现，创意经济大势凸显

1.文化产业新趋势、新业态层出不穷

随着大众消费需求升级，精神文化需求越来越成为消费升级的主要动力。在强劲的文化消费动力助推下，文化产业已经成为中国经济持续稳定提速的新“蓝海”。随着“互联网＋”进一步深入，文化产业新趋势、新业态、新技术层出不穷；而“文化＋”的融合发展已经渗透到各个垂直领域，使一系列创意产业新业态成为热点。

“互联网＋”战略实施3年来，以互联网融合创新为核心的新技术和新业态不断涌现。数据显示，截至2017年底，中国网民规模达7.72亿元，手机网民规模达到7.53亿人，占比达97.5％，移动支付习惯已经形成，我国已经成为全球最大的单一互联网市场。互联网的迅猛发展催生了数字化生产与传播、数字化消费与管理，让数字创意产业发展壮大。据分析，与数字化技术相关的新媒体文化市场价值已经占到整个文化创意产业的70％，并且还在继续发展壮大中。在互联网应用中，网络购物用户4.48亿，网络音乐、

网络视频用户超过5亿。动漫游戏、网络文学、网络音乐、网络视频、数字新闻、数字电视、数字广播、数字电影等数字创意产品已经成为大众文化消费的主打产品。统计数据显示，2017年，全国数字经济规模达到26.7万亿，同比增长18.9%，占GDP比重达到32.28%。数字经济已然成为国家经济稳定增长的新动力，推动产业创新、技术进步的重要力量。

2.新媒体产业引发现代生活巨大变革

近年来，新媒体产业体量不断增大，功能不断优化，新应用不断涌现。麦肯锡在《2017中国数字消费者研究》中指出，未来几年中国数字消费者行为演变有五大趋势：线上线下相融合的全渠道购物成为主流消费方式；消费者期待随时随地随性进行“场景触发式购物”；嵌入B2C电商、以社交媒体为中心的消费者互动；超出标准产品和常规服务的需求不断增加；数据驱动的深度个性化。数字消费者行为的演变，必将促进以生活信息服务为内容的数字创意产业增长势头更为突出，其营收规模和产值必然加速增长。在今天，新媒体与百姓生活密切关联。

3.文化旅游产业活力与魅力持续呈现

“十三五”期间，我国经济步入新常态，产业结构调整加速，文化旅游纳入国家发展战略，“全域旅游”成为热门话题。2016年2月，国家旅游局公布首批262个“国家全域旅游示范区”名单；11月，第二批238个“国家全域旅游示范区”名单公布。2017年3月，国务院总理李克强在政府工作报告中明确提出，要“完善旅游设施和服务，大力发展乡村、休闲、全域旅游”。“大力发展全域旅游”首次写入政府工作报告，中国政府网将“全域旅游”列为2017年政府工作报告的12个新词之一。

国家旅游局还专门印发了《“十三五”全国旅游公共服务规划》，推动全国旅游公共服务有序推进；国家发改委等相关主管部门制定了《“十三五”时期文化旅游提升工程实施方案》，深入贯彻落实习近平总书记关于文化、旅游的系列重要讲话精神，推动我国文化繁荣发展和旅游业提档升级。

旅游业带动区域经济发展的作用也愈来愈明显。大力推动区域文化旅游不但能发挥旅游在推动经济增长、促进消费、脱贫富民等方面的积极作用，而且也能发挥旅游教育人、感化人的作用，如重要革命文化遗存的开放能更好地实现红色旅游增强理想信念的教育功能，而这也给我国旅游业未来发展指明了方向。

据国家旅游数据中心统计数据，2017 年，国内旅游市场高速增长，入出境市场平稳发展，供给侧结构性改革成效明显。国内旅游人数 50.01 亿人次，比上年同期增长 12.8%；入出境旅游总人数 2.7 亿人次，同比增长 3.7%；全年实现旅游总收入 5.40 万亿元，增长 15.1%。全年全国旅游业对 GDP 的综合贡献为 9.13 万亿元，占 GDP 总量的 11.04%。旅游直接就业 2825 万人，旅游直接和间接就业 7990 万人，占全国就业总人口的 10.28%。

值得关注的是，在大众旅游时代，乡村旅游正在成为新的生活方式而受到越来越多人的青睐。“美丽乡村”“主题小镇”“旅居养生”“体育旅游”等新的旅游业态不断走向成熟。

4.第三产业成为激活文化消费的新引擎

在经济新常态下，我国经济发展呈现出消费升级、服务驱动的新特征。

十多年来，我国文化产业增长迅猛，带动文化消费市场多元化、个性化发展，促使文化消费不断增加。但是，大众旺盛的文化消费需求，并未带来文化消费规模的爆发式增长。据中国人民大学《中国文化消费指数》报告调研数据测算，我国潜在文化消费规模为 47026 亿元，实际文化消费规模为 10388 亿元，文化消费缺口 36638 亿元。在人均 GDP 同等水平下，我国文化消费规模仅为发达国家的 30%左右。这既说明我国居民潜在的文化消费需求并未得到有效满足，也说明我国文化消费拥有巨大发展空间。

"十三五"时期文化发展改革规划提出:"扎实推进文化领域供给侧结构性改革,以创新供给带动需求扩展,创新文化产品和服务供给方式,优化文化产品和服务供给结构,提升文化产品和服务供给质量,扩大文化产品和服务的有效供给。"2017年,国家继续提出"适度扩大总需求并提高有效性",强调"扩消费"。既为稳增长、保就业、惠民生,又引导和稳定预期、调整结构,同时也为提高城乡居民生活品质,与全面建成小康社会要求相衔接。随着国家文化消费试点工作全面铺开,将进一步引导城乡居民转变消费观念,推动文化消费总体规模持续增长。旅游、文化、体育、健康、养老等五大"幸福产业"将在2017年赋予"双重责任",既能拉动消费增长,促进消费升级,是拉动内需的新力量,也直指人心,提升中国公民的"幸福指数",是提高群众生活品质的着力点。

(三)"美好生活"新期待,新时代文化产业新走向

习近平总书记在党的十九大上作出了"我国社会主要矛盾已经转化为人民日益增长的美好生活需要和不平衡不充分的发展之间的矛盾"的重大论断。在新时代的背景下,人民需要的结构和层次更加丰富,更加注重个性化,对文化的需要也变得尤为突出。满足人民对"美好生活"的新期待,成为文化产业发展的新动力。

1.数字文化建设开辟新业态

近年来,文化内容与数字技术紧密结合的新型文化业态构成了数字文化产业的主体,为文化产业规模和质量的提升开辟了一条创新实现路径。在"文化+"的发展理念之下,数字文化产业与相关产业的融合发展能有效提高相关产业的附加价值、文化内涵和创意水平,升级传统文化产业的形态。数字创意产业将逐步成为文化产业中最具发展潜力的领域之一。

2017年,国家政策对新兴产业的支持力度继续加大,政策对战略新兴产业的倾斜意味着在供给侧结构性改革的新诉求下,文

化供给将更加丰富，创新型技术如数字创意、人工智能等对新兴产业的引领作用也会进一步加强。

2.园区发展向集约化、专业化、规范化方向逐步迈进

文化产业园区是文化产业发展的重要载体。2017年10月，随着《关于公布第一批国家级文化产业示范园区创建资格名单的通知》的印发，园区创建工作有了规范性要求。可以预见，作为文化产业发展的重要载体，园区相关政策必将进一步完善，文化产业园区的标准将进一步细致化、规范化，旧厂房改造等相关用地政策有待进一步落地，推动文化产业园区向集约化、专业化、规范化方向迈进。

3.“乡村振兴战略”助推农业农村新产业新业态

党的十九大报告把“乡村振兴战略”作为七大战略之一，提出要坚持农业农村优先发展，按照产业兴旺、生态宜居、乡风文明、治理有效、生活富裕的总要求，建立健全城乡融合发展体制机制和政策体系，加快推进农业农村现代化。报告还指出要构建现代农业产业体系、生产体系、经营体系，完善农业支持保护制度，发展多种形式适度规模经营，促进农村一二三产业融合发展，支持和鼓励农民就业创业，拓宽增收渠道。如今，“互联网＋”、休闲观光旅游等新产业、新业态，正在让乡村迸发出新活力。农业部最新统计，“互联网＋”相关产业增加值占到农业增加值的14％；乡村旅游产业占到8.9％；新产业、新业态对农业农村社会总产值的贡献率超过了20％。

（四）文化产业管理政策逐步完善，成为产业发展新的风向标

5年来，随着经济社会发展，文化产业管理也因时而策，加强顶层设计，调整完善多项政策，促进文化产业健康快速发展，研判未来产业发展新的动向和政策管理新趋势。

1.目标导向：体制改革驶向纵深，文化强国建设步伐加快

“三期叠加”使我国文化体制改革步入深水区，在此背景之下，我国牢牢把握改革方向、明确改革框架，不断建立健全现代文化市场体系、加快构建现代公共文化服务体系、深化文化机构转企改制，研究制定《深化文化体制改革实施方案》，科学编制《国家“十三五”时期文化发展改革规划纲要》。多年的实践探索使得我国文化产业政策明确把社会效益摆在首位，实现社会效益和经济效益相统一。

目前，综合性、专门性文件有30多个，涉及文化体制改革综合配套政策及电影、出版、小微企业、对外文化贸易等方面，构建了有利于“两个效益”相统一的文化经济政策框架。文化体制改革驶向纵深，“四梁八柱”的主体框架基本确立，文化创新创造活力进一步增强、文化产业与文化事业融合发展，不断向社会主义文化强国稳步迈进。

2.颁布主体：部门联动趋势明显，综合型政策成主导

随着“文化＋”的不断深入，产业间边界日趋模糊，文化产业正深入融合到国民经济的大循环中，成为新常态下促进经济转型升级的新动力。我国文化产业政策已经由追求文化产业的数量增长转变为提高文化产业发展的质量和效益，努力推动文化产业成为国民经济支柱性产业。文化产业融合发展的需求使得我国文化政策的部门联动趋势愈加明显，综合型政策在我国文化产业政策体系中的比重越来越大。

据不完全统计，从2012年到2017年共出台了78项文化政策，文化部制定了15项政策，而由国务院及各部委联合发布的政策则达到63项，政策内容涉及文化消费、知识产权建设、数字创意产业、市场监管、对外文化贸易、文化法律法规等各个领域，政策综合性强，呈现部门合作推动的特点。

文化发展多方发力、分工落实，大大提升了文化产业政策的综合效率，拓宽了文化发展的领域，也增强了文化政策的科学性。可

见，加强部际联动、推进文化政策从“小文化”向“大文化”转变，已经成为各方共识。

3.管理方式：从“办文化”到“管文化”再到“治文化”的转变

由于我国的社会环境和社会性质与西方国家不同，文化产业的发展路径也是大相径庭，这使得我国文化产业发展从一开始就需要发挥政府的积极作用。几年来，政府积极推动和促进市场化改革，调整文化产业的政策导向，加快转变政府职能，把发挥政府作用和让市场在资源配置中起决定性作用有机结合起来，从“办文化”到“管文化”的转变效果明显。

从2016年文化产业政策的执行和落实情况来看，67%是通过行政管理手段来实现的，如通过出台各种管理办法、规划计划及行政审批来指导和规范文化发展，而用经济和法律的手段并不多，分别占27%和6%。这也在一定程度上说明，在文化发展上，政府发挥积极作用还是占主要地位。以法律为基础、以政策为引导、以全面构建现代文化市场体系为支撑的文化产业发展模式还在继续探索中，由“管文化”向“治文化”的管理方式的转变也在稳步推进。

4.政策对象：加快布局新技术新业态，引领产业发展方向

在经济发展进入新常态、供给侧结构性改革深入推进的背景下，“文化＋科技”已经成为转型升级、绿色发展的新动力。五年来，我国文化产业政策致力于布局新技术与新业态，以较强的现实回应力与战略引导力，布局引领新兴产业的发展方向。

基于网络化、数字化的新兴业态蓬勃发展，以网络直播、网络游戏、网络电影与电视、网络出版等为代表的新业态止成为未来文化产业发展的核心增长极。尤其是2016年国务院印发的“十三五”国家战略性新兴产业发展规划中更是将数字创意产业上升到国家战略高度。

蓝皮书

二、福建省市文化产业发展与政策趋势

据国家统计局数据，2016 年福建文化产业增加值 1190.28 亿元，占地区生产总值的比率为 4.13%，总额和占比均居全国第 10 位，与全省地区生产总值的位次一致；2012 到 2016 年全省文化产业增加值年均增长 13.5%，远高于同期地区生产总值的增幅，对经济拉动作用进一步增强。近年来，厦门市文化产业发展速度较快，对文化艺术、创意设计、演艺娱乐、新媒体等产业的政策性效应正逐步显现。

（一）近年来福建及厦门文化产业发展概况

2016 年，全省规模以上文化产业实现营业收入 3432.3 亿元，居全国第 9 位。2017 年，福建省规模以上文化企业实现营业收入 3946.15 亿元，比上年同期增长 15.4%，增幅比全国高 4.6 个百分点，比东部地区高 4.7 个百分点。

文化创意产业是厦门市战略性新兴产业和十大千亿产业链之一，在近年来相继出台多项政策推动保持快速发展，厦门市文化产业突出文化创意和科技创新两大主攻方向，《厦门市“十三五”时期文化创意产业发展规划》明确提出，厦门将继续加大文化资源整合和结构调整力度，深入实施“531”发展战略，重点发展五大领域（数字内容与新媒体、创意设计、演艺娱乐、高端艺术品、文化旅游）和四大产业集群（创意设计产业集群、文化旅游产业集群、动画影视产业集群、数字内容产业集群），成为全国重要的文化产品及服务出口基地和全国文化产业发展示范城市。

文化产业已成为促进厦门经济结构调整，促进城市转型、经济转型和社会转型的新引擎。文化艺术、创意设计、演艺娱乐、新媒

体等产业门类发展迅猛，文化与科技、文化与金融、文化与旅游等快速融合发展。2017 年全市文化产业增速 20.7%，实现总营收 949.08 亿元。

总体来看，福建省、厦门市文化产业发展主要呈现以下几个特点：

1.产业政策扶持力度较大

近几年来，福建省和厦门市皆相继出台了一系列产业政策文件，如以省委办公厅、省政府办公厅名义或省委宣传部、省文改办、文化厅等部门名义相继出台了《中共福建省委办公厅省人民政府办公厅关于进一步推动福建省文化产业发展若干政策》(闽委办〔2012〕14 号)、《关于加快推进文化和科技融合发展的实施意见》(闽文改办〔2013〕2 号)、《福建省人民政府关于推进文化创意和设计服务与相关产业融合发展八条措施的通知》(闽政〔2014〕54 号)、《福建省文化改革发展工作领导小组办公室关于〈印发福建推进“互联网＋文化产业”行动实施方案〉的通知》(闽文改办〔2016〕1 号)、《福建省人民政府办公厅关于印发福建省“十三五”文化改革发展专项规划的通知》(闽政办〔2016〕84 号)、《关于印发福建省文化产业重点园区认定管理暂行办法的通知》(闽文改办〔2016〕12 号)等一系列扶持配套政策。

2.项目资金支持力度较大

2012 年开始，福建每年安排文化产业发展专项资金 1 亿元。2017 年开始，福建文化产业专项资金规模增加到 1.3 亿元，同时，福建省成立了海峡文化产业投资基金和福建文化产业投资基金，通过财政资金，拉动民营资本投资，为文化产业发展提供资金支持。

3.产业园区集聚效应初显

福建的文化产业园区起步较晚，但近些年发展较快较平稳，目前全省已有 90 多家文化产业园区，总批准规划面积约 8000 万平方米，总投资额超过1200亿元，且较均衡分布于各地市，园区的聚集效应初步显现。一批文化产业园区特色鲜明、产业链较清晰、服务配套较完善，聚集水平显著提升，正成为凝聚福建文化魅力的聚宝盆。2017年新认定的13个省文化产业重点园区，入驻文化企业925家，2017年上半年园区企业实现营业收入总计115.75亿元，同比增长13.6%。

表1　全省分地区文化产业园区分类型情况

园区类型	全省	福州	厦门	莆田	三明	泉州	漳州	南平	龙岩	宁德
总计	92	19	10	6	10	13	9	10	8	7
文化旅游休闲园区	31	5			9	1	6	6	3	1
文化创意产业园区	29	11	7	1	1	7			1	1
影视文创园区	5	2	1						1	1
文化工业产业园区	27	1	2	5		5	3	4	3	4
工艺品	22	1	2	5		4		4	2	4

4.民营文化企业占比较大

全省文化企业中90%以上是中小民营文化企业，由于体制机制灵活、适应市场迅速，涌现一批在海内外影响大，具有新技术、新业态、新模式比较优势的民营文化企业，如网龙、葫芦弟弟、厦门美图网络、福建福昕软件等。

5.文化贸易水平继续提升

据统计，从文化贸易规模来看，2017年，全省文化贸易总额

29.2亿美元。相比2016年，2017年文化产品出口提升12.8%。从出口产品类型来看，全省出口位居前四的文化产品主要有工艺美术和收藏品、文化用品、出版物、文化专用设备，分别出口16亿美元、10亿美元、1.4亿美元、0.9亿美元。工艺美术及收藏品出口16亿美元，占出口总额的56%，文化用品10亿美元，占出口总额的36%，2012年至2017年文化用品增幅较大，提高了12.6%。

(二)福建文化产业政策保障与发展趋势

自党的十八大以来，福建省为落实中央的精神，相继出台了《中共福建省委办公厅省人民政府办公厅关于进一步推动福建省文化产业发展若干政策》等一系列政策，具体详见表2。同样地，厦门市自党的十八大以来也相继出台了近20个扶持和促进文化产业发展的政策文件，主要政策详见表3。

表2　福建省扶持和促进文化产业发展的部分政策文件(十八大以来)

序号	文号	文件名称
1	闽委办〔2012〕14号	《中共福建省委办公厅省人民政府办公厅关于进一步推动福建省文化产业发展若干政策》
2	闽文改办〔2013〕2号	《关于加快推进文化和科技融合发展的实施意见》
3	闽政〔2014〕54号	《福建省人民政府关于推进文化创意和设计服务与相关产业融合发展八条措施的通知》
4	闽文改办〔2016〕1号	《福建省文化改革发展工作领导小组办公室关于〈印发福建推进“互联网＋文化产业”行动实施方案〉的通知》
5	闽政办〔2016〕84号	《福建省人民政府办公厅关于印发福建省“十三五”文化改革发展专项规划的通知》

续表

序号	文号	文件名称
6	闽文改办〔2016〕12号	《关于印发福建省文化产业重点园区认定管理暂行办法的通知》
7	闽文改办〔2016〕14号	《福建省文化改革发展工作领导小组办公室印发〈关于落实创新驱动战略，加快文化产业发展的实施措施〉的通知》
8	闽财文资〔2017〕1号	《关于印发福建省文化产业发展专项资金管理办法的通知》
9	闽文市〔2017〕23号	《福建省文化厅福建省台办福建省文化改革发展工作领导小组办公室关于印发〈福建省促进闽台文化产业合作发展实施方案〉的通知》

表3　厦门市扶持和促进文化产业发展的部分政策文件(十八大以来)

序号	文号	文件名称
1	厦文发办〔2018〕16号	《厦门市文化产业发展专项资金管理办法》
2	厦府〔2018〕91号	《厦门市进一步促进文化产业发展的补充规定》
3	厦文发办〔2017〕23号	《关于印发厦门市扶持民营实体书店发展办法的通知》
4	厦委宣联〔2016〕7号	《厦门市文艺发展专项资金扶持奖励办法(试行)》
5	厦委办发〔2015〕25号	《关于加快构建现代公共文化服务体系的实施意见》
6	厦府〔2014〕119号	《关于进一步加快软件和信息服务业发展的若干意见》
7	厦委办发〔2013〕10号	《厦门市文化名家、文化产业人才引进暂行办法》
8	厦文发办〔2013〕1号	《厦门市文化产业发展专项资金管理办法》

1.突出了融合创新，文化产业融合发展已成常态

如果说20世纪上半叶传统文化产业发展的高峰是以模拟技术为基础的话，那么20世纪80年代后兴起的新兴文化产业发展浪潮则是以数字技术为基础的。2000年10月，十五届五中全会提出发展文化产业的建议时，其表述形式是要“推动信息产业与文化产业的结合”，也就是说，我国文化产业是在以数字技术为基础的“国民经济信息化”这个国家战略大背景下提出来的。自此，文化产业融合发展逐步向纵深推进，文化产业融合发展渐成常态。

早在2013年，福建省文化改革发展工作领导小组办公室就印发了《关于加快推进文化和科技融合发展的实施意见》，明确提出“加快推进福建文化和科技相互融合，促进传统文化产业的调整和优化，加快新兴业态的培育和发展”。随后，2014年，福建省人民政府发布《关于推进文化创意和设计服务与相关产业融合发展八条措施的通知》（闽政〔2014〕54号）。2016年5月，福建省人民政府办公厅印发《福建省“十三五”文化改革发展专项规划》，明确提出“促进文化产业与相关产业融合”的目标任务，要求加快文化创意和设计服务与制造业、数字内容产业、建筑业、农业、演艺娱乐、出版发行、体育产业、旅游业等相关产业融合发展，深入实施文化旅游融合示范工程，推进一批以海丝文化、朱子文化、生态文化等为重点的文化旅游重点项目。推动文化产业与金融业融合发展，建立健全多元化、多层次、多渠道的投融资体系。

近年来，融合发展已经成了文化产业发展最鲜明的特征之一。主要表现在：一是跨行业。文化产业正与制造业、农业、旅游业、体育业、金融业乃至战略性新兴产业等不断交融，不断跨界，融合发展。二是跨需求。文化产业与其他相关产业融合发展也不断激发出用户新的需求。三是跨群体。随着文化产业与其他相关产业的融合发展，文化产业覆盖的用户群体也日益广泛，文化产业消费群体更为庞大。四是跨场景。越来越多的用户在各种不同的融合场

景下体验消费着文化产业来满足自己的多元需求。

2.突出了跨界整合，文化产业与战略性新兴产业跨界加速

2016年4月，福建省人民政府办公厅正式印发《福建省"十三五"战略性新兴产业发展专项规划》，提出实施网络强省战略，加快建设"数字福建"。与文化产业紧密相关的新一代无线宽带网、下一代广播电视网、大数据、人工智能等皆在其中。战略性新兴产业代表新一轮科技革命和产业变革的方向，加快战略性新兴产业发展，是引领产业结构优化升级、转变经济发展方式、抢占未来发展制高点的重要途径。而文化产业在移动互联网、大数据、人工智能、虚拟现实等技术的推动下，横跨了新一代信息技术产业（如包含新型显示终端VR等在内的新型显示产业、"互联网+"、大数据和云服务、新一代无线宽带网、下一代广播电视网等等）、高端智能制造业（如机器人写作、传感器新闻等）等，甚至延伸至新能源汽车、新材料产业等等，文化产业与战略性新兴产业呈现出强烈的融合发展特征。

自《福建省"十三五"战略性新兴产业发展专项规划》发布以后，文化产业与战略性新兴产业融合发展加速，产业结构不断优化，产业投资不断升温，产业创新不断涌现。

3.突出了政策与技术双轮驱动，"互联网+"战略日益强化

在大数据、移动互联网、人工智能等新技术的推动下，随着信息化、大数据、人工智能等相关的诸多政策的出台和技术创新日新月异，文化产业发展具备了政策和技术的双重支持和保障。

2015年8月，中共福建省委、福建省人民政府发布《关于进一步加快产业转型升级的若干意见》，明确提出加快包括文化创意产业在内的产业转型升级，围绕做大做强主导产业、改造提升传统产业、培育发展新兴产业，抓龙头、铸链条、建集群，构筑平台，促进融合，打造福建产业升级版。2016年1月，福建省文化改革发展工作领导小组办公室印发《福建推进"互联网+文化产业"行动实施

方案》，提出“在经济新常态下，利用互联网新兴技术，推进‘互联网＋文化产业’行动，促进产业转型升级，顺应了文化产业数字化、网络化、智能化、媒体融合的新趋势”。2018年3月，福建省人民政府正式印发《关于推动新一代人工智能加快发展的实施意见》，提出：“大力发展智能企业、智能服务、智能经济和智能社会，推动数字福建建设应用迈向‘智慧化’新阶段，培育人工智能新业态，为‘再上新台阶、建设新福建’提供强有力科技和信息化支撑”。

作为引领未来的战略性技术，人工智能日益成为全球竞争的新焦点。全国各地都加紧出台规划和政策，把发展人工智能作为提升竞争力的重大战略，力图在新一轮竞争中掌握主导权。新一代人工智能发展规划是关系全局和长远的前瞻谋划，必然会给文化产业发展带来重大历史机遇，面对新形势新需求，文化产业必须主动求变应变，紧扣发展、研判大势、主动谋划、把握方向、抢占先机，引领文化产业发展新潮流，带动文化竞争力整体跃升和跨越式发展。随着人工智能在文化产业领域的应用不断深入，应用的业务范围和场景逐渐扩大，我们认为，文化产业可能将迎来更巨大、更颠覆性的变革。

4.突出对台、对外交流，文化产业“走出去”战略崛起

2017年9月，福建省文化厅、福建省台办和福建省文化改革发展工作领导小组办公室联合印发《福建省促进闽台文化产业合作发展实施方案》，鼓励进一步拓展闽台文化交流合作渠道，实现两岸文化产业合作共赢、协同发展。2018年5月，商务部公布“国家文化出口基地公示名单”，福建自贸试验区厦门片区入选。国家文化出口基地是贯彻落实《国务院关于加快发展对外文化贸易的意见》的重要行动，对建设以文化出口为导向、培育较强辐射力的功能载体很有意义。根据定位，基地以“立足两岸，对接‘一带一路’，服务全国、面向全球”为发展定位，全面落实厦门市文化创意产业千亿产业链计划，大力促进文化产业在厦门片区的集聚发展，

把文化产业放在专业服务集群的首位，全面统筹、紧抓落实，努力通过自贸试验区这一创新平台，推动厦门市文化产业的大发展、大繁荣。下一步如何以国家文化出口基地建设为契机，围绕文化创意和设计服务、数字内容、基于移动互联网的新媒体、艺术品展示交易、演艺娱乐和时尚创意等6个产业门类，以文化保税、艺术品展示交易和数字内容集成平台三大产业平台等为重点，大力发展数字出版、数字影视、网游动漫等新型文化业态，积极推进包括简转繁图书、手游竞技、电影动漫、电子软件等具有厦门优势的文化产品和服务“走出去”，力争到2020年基地内文化产业实现增加值340亿元，增速为15%。

三、同安文化产业发展现状分析

截至2017年底，同安全区文化企业共有823家，规上文化产业名录库共有41家，产值上亿9家；规下文化企业共有782家，营业收入约41亿元，占地区生产总值比重的12%。

（一）文化产业增长较快，但总量规模偏小

从厦门文化产业整体发展规模而言，2016年，全市六个区规模以上文化企业的营业收入和占全市份额分别是：思明区143.45亿元，占24.2%；海沧区66.62亿元，占11.3%；湖里区76.31亿元，占12.9%；集美区63.29亿元，占10.7%；同安区40.74亿元，占6.9%；翔安区201.14亿元，占34%。同安区所占份额最小，总体规模较小。就企业规模来看，2016年，全市共有规模以上文化及相关产业企业390家，同安区文化企业共有823家，规上文化产业名录库总共才有41家，产值上亿9家，远低于全市平均数。企业小而散，没有市级以上文化产业园。

(二)文化资源丰厚,产业化程度低

古同安,今厦门。作为历史文化古城,同安历史文化资源、民俗文化资源丰厚,各类文保单位 66 处,现有文物点 400 多处,全区共有国家级非遗 1 项、省级非遗 9 项、市级非遗 4 项、区级非遗 10 项,非遗传承人 32 名,共普查出 581 处有价值的古民居,有着文化产业发展的良好基础,但是产业化程度不足,文化资源深度开发与综合利用不够。同安不乏乡村或风景秀丽,或历史悠久,但大多只是将村庄的原始风貌展现出来,并未经过系统的整理和规划。在同安的乡村里,也不乏有一些古建筑、古遗址,有些已年久失修,这些宝贵的乡村历史资源未能充分保护和利用起来。现有的一些项目体量小、分布散、同质化,旗舰型、龙头型、引擎型重大项目不多;一些景区文化商演项目空缺,旅游产品类型单一,体验性、参与性、互动性强的旅游产品不多。

(三)文化产业结构不合理,增长后劲乏力

同安文化产业以传统文化经营为主,制造业特别是批零业比重大。在规上文化制造业中,音响设备制造企业保持在各行业之首,包装装潢及其他印刷、雕塑工艺品制造、油墨及类似产品制造居前。在限上文化批零业中,首饰、工艺品及收藏品批发在限上文化批零业中居主导。近年来文化制造业遭遇发展瓶颈,发展停滞不前并出现略微下滑。文化批零业面临极大下行压力,企业整体不景气,同时又受部分工艺美术品销售企业转型影响,发展严重受挫。

表4 2016年各区规模以上文化企业营业收入构成情况

单位:%

	思明区	海沧区	湖里区	集美区	同安区	翔安区
规模以上文化制造业	3.0	87.0	60.7	13.2	41.1	99.9
限额以上文化批零业	25.1	7.2	25.2	3.3	54.1	0.0
规模以上文化服务业	71.8	5.8	14.1	83.5	4.8	0.1

同安文化服务业占比很低,与全市规模以上文化服务业发展势头强劲,逐渐成为文化产业发展的有力支撑的趋势不协调。目前,全区规上文化服务业10家,营业收入1.9亿元,规下文化服务企业349家。新兴的文化产业特别是高新技术文化产业比重小,创意设计、数字内容、基于移动互联网的新媒体、艺术品产业和演艺娱乐等比较薄弱,文化产业结构还有待继续改善。

(四)文化产业融合发展不充分,产业链不完整,集聚度不高

"文创产业化、产业文创化"是融合发展趋势。同安占主导地位的音响设备制造企业、包装装潢及其他印刷、雕塑工艺品制造行业中设计成分低,尚未分离发展创意设计服务,缺少独立的创意设计企业。同安具有厦门独一无二的农村文化资源,但农业与二产、三产融合度不高,农耕文化、地域文化、时尚文化与农业发展未能很好融合,农村农业潜能未能充分挖掘。文创产业的渗透度和融合度不高,不但影响传统产业本身的核心竞争力,也使文化服务业发展缓慢。

同安具有丰富的旅游资源和文化资源,但尚未形成旅游观光、

休闲娱乐、文化体验、商务会展“四位一体”的产业发展模式，特色旅游休闲产品不足，旅游产品开发和旅游服务的内涵性、多样性、趣味性与互动性有待提升。产品开发不足，产业链延伸不够，导致文旅产业收入偏低。2017年厦门市全年共接待游客7830.52万人次，增长15.66%；旅游总收入1168.52亿元人民币，同比增长20.68%。2017年全市旅游增加值为465亿元，占地区生产总值的比重为10.8%(高于全省4.1个百分点)。2017年，同安全区接待游客1130万人次，旅游总收入34.8亿元，人均消费307元；同期厦门全市旅游人均消费1430元，全国旅游人均消费为870元人民币，同安远低于全国全市平均水平。

体制机制不顺也制约融合发展。虽然编制同安文化产业发展规划和旅游发展规划，但全区文化与旅游融合发展缺乏整体性、系统性的战略考虑和架构设计。在城市总体规划、重大项目和重点景区建设专项规划之间，有些方面还存在脱节现象。虽然在区级层面成立文化与旅游融合发展的组织协调机构，但文化与旅游资源分属不同部门和领域，统筹开发建设难度较大；文化产业人才培养引进机制不活，高层次人才缺乏。

(五)文化品牌活动不少，品牌影响力不足

同安区每年举办孔子文化节、朱子文化节、苏颂文化节、开闽王文化节、“莲花褒歌比赛”(市级)等重大节庆活动，两年举办一次“民俗文化艺术节”“村跑”“两岸骑行”等活动。其中，孔子文化节上升为市级活动，苏颂文化节组织编演苏颂事迹传说的歌仔戏《贤相苏颂》，进一步提升了同安对外文化辐射力和影响力。但这些活动挖掘不足，包装不够，在省级尤其是全国的影响力不明显。因为对各类文化资源系统研究、深度挖掘不够，宣传主题多次变换，特色资源和品牌优势没有得到充分彰显，至今没有叫响富有同安特色的文化旅游宣传主题。

四、同安区文化产业发展政策建议

同安区文化产业正处于跨越发展的关键时期，树立积极、正确的政策导向，形成富有特色的发展路径，对完善文化产业格局，提升文化产业经济水平，推动同安创新驱动发展、经济转型升级有着重大意义。

（一）同安区文化产业政策的指导思想

1.目标导向

以习近平新时代中国特色社会主义思想为指导，深入贯彻落实党的十九大精神，顺应国家“十三五”时期文化发展改革规划纲要，落实《厦门市“十三五”时期文化创意产业发展规划》，以文化内容生产、创意设计服务、文化传播渠道、文化投资运营和文化休闲娱乐服务等为重点领域，坚定文化自信，推进文化创新，培育新型业态，促进融合发展，完善政策保障，使文化产业成为本区构建新型产业体系的新的增长点、提升区域竞争力的重要增长极，力争到“十三五”末，使文化产业成为支柱性产业，将同安区建设成为文化强区。

2.特色导向

立足本地，突出特色，挖掘内涵，提升品位，通过政策推动，增强文化产业的竞争力，推动特色文化产业发展。实施差异化发展战略，实现竞合效应。根据同安区文化产业的资源优势和文化产业发展的客观现状，侧重文化创意、资源活化、传统产业提升，突出创意设计业、文化旅游业、内容生产等领域的特色发展。

3.融合导向

以“互联网＋”“文化＋”为支点，大力发展新兴文化业态，促进文化与科技、文化与金融、文化与农村农业等深度融合发展；加快培育文化旅游、文化制造、数字内容等融合业态，打造全产业链。

(二)同安区文化产业政策的具体建议

1.重点扶持导向性带动性强的文化企业

加大文化科技研发，提高原创内容设计开发水平。推动文化内容、形式和传播手段创意创新，加快发展文化创意、手机视频、网络电视、数字出版、动漫游戏等新兴文化产业，拓展文化发展领域。

一是建成文化科技产业区。以华强文化科技产业园为重点，发展以文化主题公园为依托的文化旅游产业和数字内容产业，大力扶持华强电影、华强动漫、华强设计院等企业，加快由“创意基地”“动漫基地”“特种电影基地”等组成的厦门华强文化科技产业基地建设，尽早形成具有一定产业规模、互为上下游的产业链，提升产业能力和产品竞争力。

二是做大做强动画影视产业。大力发展手机动漫、网络动漫、微视频、短视频等业态，鼓励发展电子竞技游戏，不断拓展完善产业链条，以高科技手段提高区域内动漫影视产业的附加值和竞争力。同时鼓励企业积极推进技术、产品、服务和商业模式创新，做大做强数字阅读产业，带动网络文学、出版发行、游戏开发、影视制作、数字期刊、学习教育、数字音乐及衍生产品开发生产等相关行业发展。坚持内容原创和科技应用并重，推动虚拟现实技术、复制仿真技术等在动画设计、影视制作领域中的集成应用。

三是打造文化高端制造业和现代文化服务业。以同安高新技术产业基地和现代服务业基地为重点，推动新型文化类创业孵化器建设，拓展特伦众创空间；规划建设人才园等专业性众创空间。加快文化产业与同安高新技术产业基地、同安新城美峰现代服务业基地和丙洲现代服务业基地建设的融汇对接，构建以总部经济为重点的现代文化服务业集聚平台。

四是建设文化创客谷。以创意创新为驱动，谋划区域化平台化的文化创客街区，改善发展环境，完善基础设施，提供配套服务，集聚形成特色文化产业集群。鼓励文化企业依托电子商务、第三方支付平台拓展经营领域，利用互联网创业平台、交易平台等载体拓宽发展渠道。积极发展文化中介服务组织，加快培育文化营销、技术评审、信息咨询、服务外包、资产评估、法务代理等一批文化中介机构。

2.鼓励金融投资类文化企业或平台建设

完善文化产业发展资金与基金的相关政策，推动文化产业与社会资本的深度融合，落实鼓励和引导民间资本进入文化领域的政策，鼓励社会资本投资、兴办文化企业。采取政府购买、项目补贴、贷款贴息等政策措施来扶持小型企业的发展；加快区域性文化要素交易平台建设，规范发展各类要素交易市场，支持产权、股权、金融资产、知识产权和旅游资源等交易市场做大做强。探索开展艺术品资产托管、信托投资基金、质押融资等业务，发展文化消费信贷。支持文化企业跨地区、跨行业、跨所有制兼并重组，培育具有较强实力和竞争力、影响力的现代文化企业集团。支持文化产业与资本市场的无缝对接，支持文化企业上市融资、到新三板和区域性股权交易市场挂牌交易，促进文化产业的快速发展。

3.立足本地特色，促进文化资源活化与产业提升

深入挖掘具有地方特色的代表性文化资源，开展对传统村落、特色民居、宗祠庙宇、民风民俗等文化资源的系统整理，统筹规划，建立地方文化体系，将分散的文化资源通过整理形成拳头产品推向市场，形成特色文化品牌。

一是挖掘特色文化内涵。发挥朱子闽学源头的文化资源优势，深化朱子理学研究，树立理学源头意识，结合朱子书院，打造朱子品牌，通过“朱子、苏颂、孔子”等文化节，在弘扬优秀传统文化中拓展文化市场。深入挖掘开闽王文化、苏颂文化、朱熹文化的内

涵，结合旧城区“两寺一庙一影城”和“古道古墙古村落”，实施“记得住乡愁”历史文化古迹保护计划，培育一批有品位、有特色的文化景区、文化街区、文化旅游综合体。以梅山广场、东溪公园、梅山公园为核心，高标准、大手笔策划、建设“闽学源”文化街区，发挥梵天禅寺、紫阳书院、梅山寺、影视城等同安文脉精华的集聚效应。

二是打响特色文化品牌。结合历史文化、民俗文化、生态文化等资源优势，培育方特动漫、珠光青瓷等具有核心竞争力的特色文化企业、产品和品牌。以朱子闽学文化 IP 为核心，打造集影视基地、影视主题公园、文化旅游于一体的优秀传统文化发展基地，延伸文旅全产业链。举办莲花褒歌赛等民俗文化艺术节，活化王审知信俗、厦门同安薄饼制作技艺、厦门酱油古法酿造技艺、同安装瓯祭祖习俗和同安锡雕等非遗项目，开发叶拱南故居、卢戆章故居和吴必达故居，让文物“活”起来。以特色文化街区为载体，充分发挥同安非遗优势，打造非遗文创基地。

三是强化历史文化资源创意利用。梳理同安人文、名人、名景、美食、民俗等资源脉络，结合现代人的休闲需求、乡愁寄托和田园向往，推动文化创意与民俗资源、历史资源、文化资源的跨界融合，实现资源的创意再生与提升，在特色文化活动中展示同安先进文化，展示同安文化的时代形象。深入挖掘文化遗产、节庆赛事、文学艺术、建筑文化等品牌文化的产业潜力，加大力度进行创意设计开发、非遗项目活化、旅游商品开发等，推动优质资源和要素集聚，提高特色文化产业集聚度。

四是推动传统文化产业转型升级。深入挖掘优秀文化资源，集中优势资源，聚焦主攻方向，加大基础设施投入，打造空间布局合理、产业关联度大、辐射带动能力强的文化产业集聚区，着力推动包装、彩印、荧光产品、农民画、珠光青瓷、锡雕等传统文化产业转型升级。鼓励传统文化产品的数字化转化，支持开发适合互联网、移动终端的数字文化产品。运用 VR、AR 技术创新非遗数字化服务大众的方式，丰富和提升民间绘画、民间音乐、民间戏曲、民间工艺、民间剪纸、民间书画、民间舞蹈等的活动内容和水平，构建富有特色的地方文化产业群。

五是实施乡村文化振兴。抢抓乡村振兴战略机遇，充分发挥同安传统村落、古厝众多的优势，发掘和保护村落历史遗迹、文化遗存，优化美化村庄人居环境。建立健全“政府主导、社会参与、群众自筹”的传统村落保护资金筹措机制，鼓励和支持社会力量采取捐资、投资、合作开发等办法，参与传统村落的保护利用。加强农业与创意产业、旅游业的深度融合，拓展农业多功能性、促进资源高效用、满足新兴消费需求、带动农村各方面建设不断发展。鼓励文化资源丰富、自然环境优美的乡村利用现有农居，因地制宜发展创意民宿业。强化休闲农业与乡村旅游经营场所的创意和设计，建设集农耕文化体验、田园观光、教育展示、文化传承于一体的田园综合体。依托后田社区30多栋闽南古厝，打造一个有文艺、有环境、有产业的乐活渔村。以产业、人才、文化、生态、组织五大振兴为主要牵引，推动竹坝三秀山片区、军营白交祠片区、顶村古坑片区和丙洲片区等四个片区的示范建设。

4.强化“文化+”的融合发展，延伸产业链

注重特色旅游休闲产品开发，提升旅游服务的内涵性、多样性、趣味性与互动性。

一是推进文化创意和设计服务与相关产业融合发展。认真落实推进文化创意和设计服务与相关产业融合发展、发展对外文化贸易等扶持文化产业发展的税收政策，支持文化创意产品开发。积极推荐将符合条件的文化创意产品开发建设项目纳入专项建设基金支持范围。将文化创意产品开发纳入文化产业投融资服务体系支持和服务范围。面向从事文化创意产品开发的企事业单位，培育若干骨干文化创意产品开发示范单位。将文化创意产品开发经营企业纳入各级文化产业示范基地评选范围。鼓励各级政府创

新文化创意产品开发机制，用机制创新促进产品创新。鼓励文化文物单位与社会力量深度合作，拓宽文化创意产品开发投资、设计制作和营销渠道。

二是跨界融合发展，拓展旅游新业态。加强文化与旅游、体育的融合，加快历史文化、建筑遗迹、街巷乡村、文创研学、健康养生等与旅游项目的结合。在做足做好海峡旅游、商贸会展、休闲旅游、滨海旅游、闽南文化旅游等五大产品特色产品体系的基础上，重点优化方特梦幻王国景区旅游和汀溪温泉游，拓展游艇旅游、房车旅游、乡村旅游、工业旅游等新业态，实现旅游与会展、乡村、工业、商贸、时尚、文创、医疗、体育等领域的跨界融合，实现全域旅游的蓬勃发展。推动竹坝、莲花同字厝、同安宾馆等资源类项目落地，推动红树林度假世界、浦头风情街等项目建设，加强旅游与工业、商贸服务业的融合。

三是强化旅游产品的体验性和互动性。顺应都市休闲趋势，发展房车游、自驾游、观光游、民俗游、度假游、郊野游和绿道骑游等特色旅游。升级影视城演艺项目，加大原创性、互动性、综合性演出产品生产，推动设立闽台两岸演艺中心。推进珠光青瓷产业发展。依托省级非遗珠光青瓷展示及技艺传习中心，建成珠光青瓷文化产业中心。推动五代十国至宋元时期同安窑器形复烧项目，打造龙窑—陶瓷文化旅游区和宋元青瓷展览馆、同安龙窑—陶瓷文化产业园建设。挖掘工业旅游的科技与文化内涵，进一步培育和拓展古龙酱文化园、长辉荧光科技园、通士达照明、金牌橱柜、娃哈哈饮料、银祥、中药厂等工业旅游文化项目，推出参观、体验、制作、鉴赏、购物一体化的旅游新亮点。

四是加强旅游与农业的融合。寻找都市休闲与乡村旅游的结合点。积极组织创建休闲农业示范点，规划设计合理路线，将现有的休闲农业与乡村旅游示范乡镇、示范点资源串联成片，打造休闲农业乡村旅游示范区。重点开发西坑村、内田村、五峰村、竹坝农场、茬畲村等传统村落，把自然资源、村落文化和农耕文化融入到旅游中，发展乡村休闲旅游。在打造顶上村、谷坑、茬畲、造水等乡村旅游特色村的基础上，发挥集聚效应，建设山水莲花旅游集聚区、乐活汀溪美丽乡村旅游集聚区。推动乡村品牌创建。借助平面、广播电视、网络、新媒体等，针对本地客源市场、高铁沿线城市客源市场，对同安乡村进行策划、包装和推广。宣传推广丽田园、鑫美园、云和农庄和盛之乡温泉度假村的建设经验，发展五显镇垵炉村、竹坝新村等乡村和同字厝项目，整合乡村旅游资源，成立乡村旅游联盟，开发同安风味的伴手礼，进一步丰富旅游产品体系，推动万丽酒店、万豪酒店、特房波特曼酒店等配套项目建设，积极做好服务保障。建设产业特色鲜明、功能集成完善的特色小镇。以文化产业为核心，把打造特色小镇、特色文化街区作为促进同安特色文化产业发展的重要载体和抓手。把汀溪打造成集生态农业、科普教育、温泉度假及休闲旅游为一体的国家级特色小镇旅游景区。莲花镇是文化元素特征突出、生态优势突出、产业融合潜力较大的特色小镇，值得努力探索特色小镇发展之路。

五是加强“文化＋”创意人才培养。制定落户、住房、教育、生活配套等政策，不唯学历唯能力，完善人才吸引政策与激励制度，将文化创意产品设计开发纳入区级最优人才扶持计划支持范围。在开发模式、收入分配和激励机制等方面积极进行探索，参照激励科技人员创新创业的有关政策完善引导扶持激励机制，鼓励文化创意设计创新、崇尚文化艺术，加强对文化创意产品开发经营人才的培养和扶持，形成培育文化产业人才成长的良好土壤。

5.以“互联网＋”，推进新兴文化业态发展

秉承互联网开放与分享的理念，将互联网思维与文化建设理念相融合，以“文化＋互联网”的方式支持本地文化企业与现代科技、旅游等相关产业融合，把文化内容与数字技术紧密结合的新型文化业态做成文化产业的主体，为文化产业规模和质量的提升开

辟一条创新实现路径。

一是支持动漫游戏产品研发。培育原创与研发能力强的动漫游戏企业，打造有影响的动漫游戏品牌。加快推动以影视动漫、演艺娱乐、创意设计为主导的华强文化产业园区建设和发展，形成动漫孵化基地与产业集群，提升动漫（动画）游戏产业基地的辐射带动能力，推动动漫形象、动漫技术、动漫元素与玩具、服装、食品、日用品等产业融合发展。

二是强化互联网融合发展。把握信息技术升级换代和文化产业融合发展机遇，以互动化、社交化、多屏化为方向，推动“互联网＋”与“文化＋”融合发展，促进文化旅游与科技、体育、工业、农业等产业的相互融合，推动生产、传播方式创新，积极培育、发展数字内容、多媒体、创意设计、文旅信息服务等新型文化业态。拓展内容产品和服务产业链。支持文化产品电子商务平台发展，提升文化企业网络服务能力。加强云计算、大数据、移动互联网和物联网等信息技术开发应用，鼓励将信息技术广泛应用于文化产品设计和制造过程，优化生产工艺和流程，提升文化产品生产的网络化、智能化水平，推动文化产业向中高端跃升。

三是重点扶持新兴文化业态。在鼓励既有文化艺术、传统工艺美术、广告会展、文化旅游等传统文化产业发展的同时，大力发展文化休闲娱乐、设计服务、动漫游戏、文化科技服务等为重点的新兴业态。完善文化产业园功能、拓展规模、提升档次，吸引高端文化企业入驻，打造产业集群。以文化创意为引领，整合文化、创意、科技、资本等要素，加快文化科技、文化金融融合创新，重点发展创新先导型、内容主导型的产业类型，着力提供传统性、大众化、多样性的文化创意内容和服务，打造创新驱动、结构完整的现代文化创意产业体系和市场体系。

6.深化文化消费供给侧改革

创新文化消费机制，通过发放消费券、政府购买服务等方式激

蓝皮书

发民众文化消费兴奋点，吸引市民走进书店、歌厅、影院，培育文化消费市场。激励居民文化消费，实现文化消费服务便捷化、精准化和最大效益化，推动文化消费总体规模持续增长，带动相关领域消费，不断增强文化消费拉动经济增长的积极作用。

提升消费空间。针对旅游产业链较短，消费不足问题，积极落实市政府《关于进一步深化旅游业改革发展的实施意见》《关于印发促进旅游投资和消费实施方案》《厦门市"十三五"旅游业发展专项规划》等系列政策文件，以供给创新释放消费潜力，以消费升级带动产业转型。开展景区观光、建筑体验、民俗活动和美食品尝等文化消费集聚区建设，鼓励支持文化企业加大中、高端文化产品和服务的创意开发力度，向文化体验互动方向调整，形成一批文化产品和服务特色鲜明、文化消费潜力大、企业和群众参与度高的项目，整体纳入省市文化惠民消费体系。针对休闲旅游、文化旅游、研学旅游和国际旅游消费的新特点和新趋势，丰富产品内涵，加快主题公园等新型景区项目建设，策划培育适应72小时过境免签的特色旅游产品线路。发挥同安非遗优势，做好同安特色的旅游商品开发。

执笔：宋西顺　罗昌智

丁智才　林小勇

时间：2018年12月

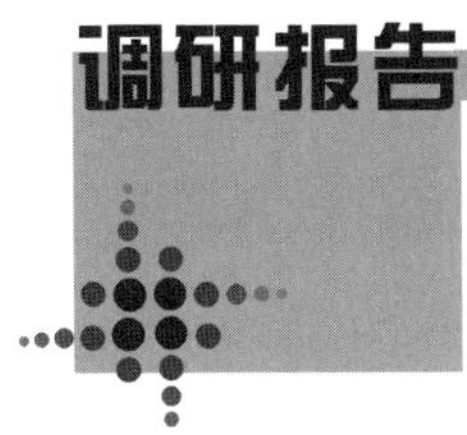

美图案例对推动厦门文化产业服务“一带一路”倡议的启示

◎ 厦门市文发办

美图公司是一家成立时间仅为十年的年轻公司，目前是中国领先的移动互联网公司、中国互联网百强企业和中国通讯业百强企业。2017 年全年营收超过 45 亿元，同比增长 186.8%，缴纳税收超过 1.2 亿元。截至 2018 年 2 月，公司已在美国、巴西、印度、英国、日本、韩国、新加坡、印度尼西亚等 11 个国家和地区设立了分公司和办事处，拥有超过 5 亿的海外用户。

美图公司在移动互联网时代，取得重大进展的主要原因：一是产品的精确定位，以“让更多人变美”为主题，融入中华古典元素，在这个追求向善向美的时代，很快地在年轻女性中受到追捧；二是深入开展科技与文化融合的创新发展，在产品非常容易被模仿、被跟风、被超越的情况下，通过大数据分析用户行为，始终不断地驱动产品升级换代，使得其产品走在文化与科技的前沿，并在激烈的竞争中始终处于全球领先的地位；三是营销手段领先，根据用户需求在各个产品中加入社区、媒体及云服务，通过独特有趣的互动方式搭建美图社交平台，很快地提高了用户的黏性、并扩大了产品的知名度，再加上非常好的体验性和互动性，使他们的用户呈几何级数增长；四是美图人永不止步的创新精神和优秀的企业文化，让美图人不断地在海外开疆扩土，在海外11个国家和地区设立分公司和办事处，使得公司在激烈的竞争中始终保持不败之地。

美图公司是文化与科技融合的典范，也是“一带一路”走出去的重大成果之一，在“一带一路”国家和地区文化产业有很好的示范效应。美图立足厦门，背靠福建，在推动中华文化走出去时，会孵化更多的文化企业，会激励更多的年轻创业人，发挥引领性、标杆性的示范作用。

经分析总结美图成功案例，厦门提出推动文化产业更好进入“一带一路”国家和地区的总体思路：一是要深入学习贯彻习近平总书记关于文化自信的重要思想，以扩大文化贸易为抓手，不断提升国家文化软实力，进一步增强中华文化的国际影响力；二是通过深入实施《中国制造2025》和“互联网＋”，正确把握新一轮科技革命和产业变革的有利契机，面向经济社会发展重大需求，以市场为导向，以企业为主体，以创新为动力，以关键技术和高端人才为支撑，加大政策扶持力度，着力提升自主创新能力，加快突破技术链、价值链和产业链关键环节，加速科技成果转化应用，打造上中下游密切衔接、配套完善、具有自主知识产权支撑的战略性新兴产业体系，加快推动产业转型升级和经济发展方式转变；三是推动互联网、大数据、人工智能和实体经济深度融合，加快传统产业优化升级、发展现代服务业，促进厦门的文化产业向全球价值链中高端迈进，加快建设创新型企业，突出关键共性技术、前沿引领技术。具体建议如下：

1. 推进文化产业园区优化服务配套功能。推动文化产业园区向“集成化、高端化、国际化、差异化”发展，积极盘活存量工业厂房资源，鼓励龙山、沙坡尾、湖里老工业区等旧街区、旧工业区、旧厂房升级改造成为文化创意园区，并优化提升园区服务配套功能，推动产业创意链集聚发展，更好发挥园区文创产业集聚载体作用。

2. 提升产业发展交流交易平台作用。做强做专海峡两岸（厦门)文博会、厦门国际时尚周、艺术厦门国际博览会等展示交易平台。进一步提升厦门国际动漫节、中国数字娱乐产业高峰会等展会水平,引领游戏领域的优秀企业和创意人才向厦门聚集,推动动漫游戏产业向“大数据、大平台、全领域、全球化”的方向发展。

3. 培育文化出口服务龙头企业。做强做优文化服务贸易出口市场主体,培育一批具有较强原创研发实力和市场竞争力强的大型出口文化企业,提升文化核心内容的出口比例,比如美图公司、4399、咪咕动漫、趣游、飞鱼科技、吉比特等。

4. 利用好自贸区政策。利用好自贸试验区先行先试的政策优势,加快建设艺术品保税平台,建设好国家文化出口基地,推动开展文化设备融资租赁业务,推动艺术金融创新发展,积极争取国家文物局和省直相关部门的支持,下放艺术品入境入关的鉴定权,进一步简化艺术品入境的海关手续,着力在厦门建设一个境内外连通、中高端结合的艺术品大市场。

5. 要加大财政支持力度。采取“互联网+文化创意”的文化产业发展模式,加大财政对新兴文化业态发展的扶持力度,着力吸引龙头骨干文化企业和“互联网+文化创意”型企业落地厦门,着力支持骨干文化企业拓展和延伸文化产业链条。

执笔:刘宏宇

时间:2018 年 8 月

翔安区关于基层文物保护、文化遗产保护以及文化资源开发利用的调研报告

◎ 翔安区文体广电出版旅游局

习近平总书记在主持中共中央政治局第十三次集体学习时强调,培育和弘扬社会主义核心价值观必须立足中华优秀传统文化。牢固的核心价值观,都有其固有的根本。抛弃传统、丢掉根本,就等于割断了自己的精神命脉。博大精深的中华优秀传统文化是我们在世界文化激荡中站稳脚跟的根基。习近平同志在党的十九大报告中指出,深入挖掘中华优秀传统文化蕴含的思想观念、人文精神、道德规范,结合时代要求继承创新,让中华文化展现出永久魅力和时代风采。

传统文化是先人智慧的结晶,是一座城市的灵魂和血脉,无论社会如何变迁,文化对于人类最根本的作用仍然是“化”人。也就是说要化解人与自然、人与人、人与社会等种种矛盾,要促进社会和谐发展,必须依靠文化的熏陶、教化、激励作用,发挥先进文化的凝聚、润滑、整合作用,将社会主义核心价值观的文化因子潜移默化地植入民众的心中。只有这样,经济社会才能全面、和谐、可持续发展。

当前，翔安正在深入学习贯彻落实党的十九大精神，大力推进“五大发展示范区”建设，通过全区干部群众的共同努力，山变青了，水变绿了，房前屋后，红花绿树，居民的生活环境变美了。但是，如何在富美乡村和新城建设中发挥闽南特色文化优势，大力提升居民的道德水平和文明素养，不断丰富群众的精神和文化生活，加快推动文化事业全面繁荣和文化产业快速发展，促进多元文化融合发展；如何进一步发挥文化化人作用，增强文化认同感，提升文化软实力，不断推进和美翔安建设，成了翔安宣传思想文化工作亟待思考和解决的重要课题。

一、闽南传统文化资源丰富、保存完整、优势凸显

翔安区辖有四镇一街一场，112 个村(居)，面积 420 平方公里，常住人口 32 万。2003 年 10 月，因区划调整，翔安成为厦门最年轻的行政区，但其行政建制始于晋太康三年(282 年)，隶属同安县翔风里和民安里，至今已有 1720 多年的历史。翔安历史悠久，有着十分丰厚的文化积淀，是朱熹“紫阳过化”之地，有着“海滨邹鲁之乡，声名文物之邦”之称。

(一)得天独厚的闽南文化资源

1.历史悠久人文积淀深厚

翔安辖区内文物古迹众多，历史名人辈出。文物古迹方面，内厝镇有唐代蔡复一墓、苏益墓、宋代的同民安关隘；新店镇有始建于宋代的香山岩、明代的东界石塔、洪朝选墓、蔡贵易墓、垵山山头林氏家庙；马巷镇有闽台池府王爷祖庙元威殿、清代江南提督林君升墓、城隍庙、厦门名人黄廷元墓；新圩镇有宋代古道“古宅十八弯”、金柄黄氏祠堂、黄肇纶墓等 19 处县以上文物保护单位。除此

之外，新圩镇乌山村“新石器时代遗址”、庄垵村姑井自然村“姑井砖塔”、马巷镇朱坑村“根岭倒桥”等也是不可多得的文化资源。历史遗迹方面，有同安早期革命活动旧址——松山小学、沙美村农民协会旧址；中共同安县委旧址——山侯亭祠堂、陈先查烈士墓，有彭厝、珩厝厦门大劫狱接应点、马巷蔡浦地下党故居等具有较大历史价值的革命遗址，有开发较为完整的大嶝战地观光园，还有大嶝两座明朝抗倭古寨遗址——虎头北寨、鳌头南寨，小嶝宋末明初理学大儒邱葵不事异族、坚持抗元等爱国主义教育遗迹。历史名人方面，比较著名的有明代的刑部侍郎洪朝选、理学名宦林希元，有清代的江南提督林君升、四川总督苏廷玉、福建水师提督李长庚，近现代有著名作家、诗人鲁藜和原东海舰队司令员、交通部长彭德清等历史名人近200个。

2.非遗项目和闽南民俗文化项目众多

翔安历史悠久，在建制以来的1720年间，外来文化与本土文化相互融合发展，形成独具特色、形式多样且传承保护完整的翔安闽南文化。其中翔安区现有的国家、省、市级非物质文化遗产有：音乐舞蹈类的南音、闽南童谣、拍胸舞、宋江阵；戏剧类的歌仔戏、高甲戏、木偶戏；民间工艺类的漆线雕、文兴瓷；民间绘画类的农民画；民间文艺类的答嘴鼓、车鼓弄；除此之外还有独具时代特色的新圩女闽南语合唱团和古宅竖笛表演等，翔安区2011年还被国家文化部评为“中国民间文化艺术之乡”。翔安习俗文化众多，其中包括与信仰有关的翔安香山庙会习俗、大嶝麦埕“厦金风狮爷信俗”，马巷镇五甲街“池王爷习俗”，新店镇后村、欧厝的竖灯篙和后村的送王船习俗，洪厝“春仔花习俗”，以及与饮食文化有关的结婚送发糕婚俗，过年送炸枣年俗、春来吃薄饼食俗以及具有巧妇能为无米之炊美丽传说的芋头糊（方言“兜面”）和洪朝选励志故事的“状元粉粿”饮食习俗。

3.涉台涉金涉外文化资源丰富

翔安是福建省的重点侨乡，华侨历史悠久，英才辈出。翔安地处台湾、金门的最前沿，是台胞、金胞的祖籍地之一，祖籍地是翔安的台胞近40万人。翔安是祖国大陆距离金门最近的地方，与金门鸡犬相闻，历史上嫁娶往来频繁，地缘、血缘、人缘、亲缘交融，特别是大嶝，更是与金门关系密切，两边语言相同、民俗相近。翔安区已公布的涉台涉金文物保护单位有12处，其中古墓葬有7处，古建筑有5处。较有文物保护价值而且可推荐作为申报区级涉台涉金文保单位的文物古迹有：沈世纪墓、清代彭信奄墓、小嶝英灵殿、田墘金门县政府旧址；涉侨文化遗产有：陈允济故居及墓地、前浯郑氏家庙。涉台涉外民间信仰众多，有马巷镇的闽台池府王爷祖庙庙会、马巷城隍庙会、香山庙会、新圩金柄的炎帝殿、马巷的基督教堂以及众多的供奉祖先、神明为出发点的宫庙祠堂，还有大嶝房前屋后众多的用于镇风的风狮爷等。这其中以池王爷庙会与香山庙会的影响最为广泛，信众最为众多。

4.闽南古民居建筑群及传统村落保存完整

闽南传统建筑既有中国传统建筑对称、严整和封闭的“性格”，又具有华丽活泼的特征。弯曲的屋面、高翘的燕尾、花枝招展的剪粘、堆砌的水车堵、色彩斑斓的镜面墙、独具特色的红砖绿瓦，处处流露出闽南建筑特有的“性格”。翔安区现存比较有代表性的古建筑108处。基本上可以分为名人故居、古建筑群、宫庙祠堂三大类。其中名人故居有24处，古建筑群29处，宫庙祠堂51处，其他建筑4处。名人故居中洪朝选故居、林君升故居、鲁藜故居、洪晓春故居、彭德清故居、林巧稚故居等具有较高的历史价值。翔安区境内还有多处古建筑，主要有新店镇东园村红砖民居、新店镇澳头村的“我素庐”、马巷镇陈新村的云嵩楼、马巷镇的舫山书院、城隍庙及新圩镇金柄大宗祠堂、乌山村的“九十九门”、大嶝镇田墘村的百座红砖古厝等。还有一些有价值的古迹如闽浙水师提督李长庚、李廷钰的故居，东浦清代“父子兄弟叔侄同登科”宅第，古宅“大夫第”等，这些建筑工艺较为精美，基本上都有雕刻、壁画等装饰性构件及符号，且保存相对完整，有几处引进中西结合的建筑风格。较为集中的红砖古厝民居群主要分布在大嶝田墘、新店吕塘村、马巷亭洋村、内厝曾厝村、新圩乌山村。其中大嶝田墘红砖古厝建筑群不仅列入国家级重点保护文物，还将与金门、台湾地区的红砖古厝建筑群一起捆绑申请世界非物质文化遗产。

（二）成效斐然的文化保护传承工作

在福建省公布的闽南文化生态保护实验区非遗文化保护名录中，厦门市的9个非遗项目，翔安有5个（南音、宋江阵、拍胸舞、农民画、闽南童谣）。借助丰富的文化资源，翔安区成立了民俗文化传习基地25个（其中南音15个，宋江阵5个，拍胸舞2个，农民画2个，闽南童谣1个）。由于翔安群众参与闽南民俗文化的积极性和文化保护意识较强，闽南民俗文化在翔安保护比较完整，参与人数众多且个别项目呈现产业化、商业化现象，比如拍胸舞、高甲戏、木偶戏、舞龙舞狮等。在翔安区，高甲戏、木偶戏从业人员近千人，南音、宋江阵、拍胸舞、舞龙舞狮、闽南童谣等项目的从艺人员多达两三千人，厦门市现有民间南音社近20家，80%在翔安。农民画传承人梁金城、陈珠庭都是翔安人，“翔安春色”农民画展2013年在市美术馆展出，农民画家陈珠庭集中展现翔安风土人情的18米长卷“翔安春色”图备受关注，翔安区农民画在“羲之杯”全国民间绘画比赛中先后10多人获得大奖，农民画传习基地现有学员近千人。新圩镇的“三子”文化闻名全国，新圩女合唱团、拍胸舞和古宅竖笛均上过中央电视台。在各级政府的积极推动下，辖区群众对民俗文化热情参与，使得传统的闽南民俗文化在翔安区能够得到保护传承，并且蓬勃发展、成绩斐然。

（三）同根同源的两岸民间文化交流密切

翔安区是祖国大陆距离台湾和金门最近的地区，大嶝岛与金门一衣带水、唇齿相依。海峡两岸地缘相近、血缘相亲、文缘相承。翔安区的大多数传统民俗文化项目与台金文化一脉相承，历经几年来的交流互动，两岸已经建立了交流互访常态机制。翔安区南音协会常年组织南音社团前往台湾进行演出；吕塘戏校剧团每年到新加坡、文莱、台湾、金门等国家和地区进行交流演出近 100 场；区宋江阵文化研究会连续 4 年受邀参加台湾地区十二大节庆活动的高雄内门宋江阵文化节，与台湾地区宋江阵文化表演队进行交流切磋；拍胸舞和木偶剧、闽南童谣也于近年来连续多次到台湾和金门进行表演。两岸民间信仰相近，池王爷、城隍爷、清水祖师、妈祖、三忠王、朱子等信仰同出一辙，马巷池王庙在台湾有 300 多个分炉，信众达几十万人之多；三忠王在台湾和金门地区的分炉 100 多个，信众二三十万人。翔安民俗文化和民间信仰成了祖国大陆对台、对金以及对外交流的文化纽带，在东南亚侨界，翔安传统民俗文化也有着不可忽视的影响力。

二、翔安文化资源在保护传承发展方面的困惑

（一）文化“水土”不断流失

现代化的一个重要构成之一就是城镇化，在迈向工业化、农业现代化的过程中，拥有广阔乡村的中国正处于高速发展时期。翔安区也不例外，翔安建区十年来的城镇化进程，同样面临着留不住青山绿水、找不到乡愁的困惑。据不完全统计，翔安区十年的建设发展过程中，沿海岸线填海造地面积达数十平方公里，涉及征地拆

迁的村落(以自然村计算)将近80个,完全迁移的村落(以自然村计算)近20个。中国的传统文化,除历史文献和文化经典之外,相当一部分体现和保留在城市的历史街区和传统村落之中,同时以活态形式保留在历史名街和传统村落的生活习俗和民间文化之中。但是,旧城区的改造和新城区的建设,让我们痛惜地看到,部分文物古迹因开发建设遭到搬迁,虽然保留下来了,却已经离开了能够引起关于它们的故事源起遐想的背景,成为了孤立的文物。填海造地使得翔安区那些带有渔耕文化标记的古迹被黄土所淹没,近百公里的海岸线沿途村落的渔耕文化面临消失。建区10年来,翔安在城镇化、工业化进程中,路通了,楼高起来了,传统村落却被迫搬迁,传统的优秀文化在逐步消失。

(二)文化产业发展缓慢

翔安大多数村(居)地处农村,世代以农业和渔业生产为主,农(渔)业人口比例较大,但随着工业化、城镇化进程的不断推进,失地失渔人口比例逐步加大,更多的农渔民面临转产转业,为解决民生问题,产业结构调整势在必行。作为战略性新兴产业,文化产业是文化与经济相互交融的集中体现,对于推动产业结构调整和转型,促进翔安经济发展方式转变,解决更多剩余劳动力的就业问题,以及推动翔安经济发展环境改善和优化具有重要的意义和作用。

翔安文化产业发展面临的主要困惑来自三个方面:一是结构失衡,文化制造业比例大,文化服务业比例偏小。主要表现为翔安火炬园区内的友达光电、冠捷电子、天马微电子等文化类相关制造业比例大、产值高;翔安本土的贡香、茶壶、水培花、铜艺等文化产业规模较小、产值低;翔安区现有的文化服务业也仅有图书、音像制品出租和电影放映等产值、规模都很小的产业。二是文化类商业用地预留不足。在新区建设规划中,相关部门没有把文化产业放到应有的位置,留给文化企业的商业用地少,文化企业用地问题直接制约着文化产业的发展。三是资金不足,缺少相应的扶持政策。文化企业项目资金短缺,缺乏融资能力,缺少相应的信贷优惠和税收减免政策,文化企业后续资金注入体量较小,扩大经营、做大做强面临“无米之炊”。因此,文化产业规模因用地及资金受限无法拓展,文化产业发展缓慢,同时导致文化资源的开发利用相对滞后。

三、翔安文化资源开发利用的几点思考

按照习总书记“要系统梳理传统文化资源,让收藏在禁宫里的文物、陈列在广阔大地上的遗产、书写在古籍里的文字都活起来。要以理服人,以文服人,以德服人,提高对外文化交流水平,完善人文交流机制,创新人文交流方式,综合运用大众传播、群体传播、人际传播等多种方式展示中华文化魅力”的要求,结合“美丽厦门共同缔造”的富美乡村建设和文化提升行动,对如何传承保护闽南传统文化,充分进行文化资源的开发利用,不断提升翔安文化软实力作出以下几点思考:

(一)科学合理规划,实施开发与保护相结合的策略

对于游子而言,一棵老树、一间老屋、一出家乡戏,或是一泓碧水……家乡的一草一木都有自己的根脉、灵魂和风韵。而如今,随着工业化、城镇化建设的不断推进,青山绿水不复存在,传统村落、传统文化日渐凋零,使得我们记忆中那满满的乡愁变成了最深的伤痛。

经济建设与文化发展对于现代化城市而言,犹如鸟之两翼,是城市发展的重要指标。对于一个刚刚起步的新区而言,经济要发

展需要大规模的开发建设，开发建设必然面临城市发展与文化保护之间的矛盾。因此，在开发建设之前，一定要进行科学规划，科学规划过程中文化保护要列为规划重点，要提前请文化专家对翔安区的传统村落和文物古迹以及活态文化形式进行普查论证，登记造册，尽量结合传统村落的文化特点进行保护性开发，尽可能保留好原有的文化印记和文化形态，保护住“记忆”。充分借助传统文化的有利资源，使其成为开发建设的一大亮点，也就是说开发建设要有利于经济发展，同时要能够留得住青山绿水，要记得住乡愁。其实，翔安已有开发建设与文化保护相结合的成功案例，比如友达光电工业园区内的友达文化展览馆，就是保留被征地的原有村落的古榕树、闽南民居建筑、宗祠、戏台、水井等传统村落典型文化记忆的实物，进行保护和改造，把现代企业文化与传统村落文化有效结合起来，开发利用，使传统村落典型文化记忆的建筑成为现代企业文化展览场所。再比如翔安新圩镇建成的以闽南文化保护为主要内容的非遗主题公园和非遗博物馆等。

（二）建立机制体制，加大传统文化一镇多品扶持力度

要在原有的翔安区民俗传统文化“一村一品”的基础上，鼓励各镇街朝“一镇多品”方向发展，同时要建立机制体制，在资金、政策、文化用地、人才引进等方面给予适当倾斜，比如设立文化扶持基金，通过以奖代补方式扶持积极性高、发展较好的文化项目和文化团队，比如对区闽南童谣文化研究会、区宋江阵文化研究会的扶持奖励；建立考核奖励机制，加大民间艺人“传帮带”的扶持力度和奖励措施，设立各种形式的传习基地进行传统民俗文化项目培训，比如翔安每年对农民画展和农民画传习基地获奖师生进行奖励；利用民俗文化进课堂方式，吸引更多青少年学生了解、学习、传承民俗文化，对参加各级各类比赛获奖的传统文化项目的传承人、表演者和创编人员进行适当奖励；组织民俗文化专家和社科专家对

辖区内的传统文化进行系统整理，结集成册；制定文艺人才引进办法，引进更多能够推动翔安传统文化项目传承创新发展的专业文艺人才；鼓励专业院校和专业人才以结对帮扶形式进行文艺帮扶活动，同时鼓励更多的民间社团举办民俗文化节活动，比如区南音协会举办每年一届的全区南音大会唱，新店镇后村社区举办的“灯篙王船文化节”等。制定文化认养政策，传统文化项目仍需官民合办，多方共同扶持。比如，厦门柯依达工贸公司认养区宋江阵文化研究会和区武术协会，扶持推动宋江阵文化连续多年入台交流，举办翔安国际武术精英大赛等，开启了文企共建、以企养文的传统文化发展新模式，这种模式值得进一步推广。

（三）发挥文化优势，推动对台对外文化交流纵深发展

充分发挥翔安区对金对台文化交流的前沿阵地和窗口作用，借助翔金、翔台传统文化同根同源优势，通过建立互访交流体制，不断加大南音、象棋、拍胸舞、宋江阵、高甲戏、木偶戏等对金对台对外的交流力度。在官方和民间协会的积极推动下，南音、象棋已经形成双向交流制度，一年在台、一年在翔，轮流举办交流赛事；宋江阵已经连续四年赴台交流演出，充分发挥内厝宋江阵文化广场阵地作用，举办宋江阵文化节和两岸武术邀请赛，邀请传承保护较好的高雄地区的宋江阵表演团队到翔交流演出。同时要大力推动对台对外文化交流向纵深发展，除了原有的传统文化交流项目之外，充分利用两岸民间信仰相近的特点，以池王文化、城隍文化以及清水祖师、妈祖、三忠王等信仰为平台，加大两岸民间信仰方面的文化交流；在民间习俗方面，加大与台湾和金门的灯篙王船习俗文化交流；利用南音、高甲戏、木偶戏等传统文化项目在东南亚侨界的影响力，进一步加大这些文化项目在新加坡、马来西亚、文莱、菲律宾等国家和地区的文化交流力度，使这些项目的品牌效应和文化影响力进一步得到有效提升。

(四)出台扶持政策,加大招商引资力促文化产业发展

目前,翔安区的文化企业均是民营企业,规模不大,资金有限,产值总量偏小。这些都需要政府出台相关政策加以扶持发展,将完善管理与促进发展壮大结合起来,在土地、税收、资源分配、人才培养、技术传承等方面,政府及相关部门要给特色文化产业以鼓励和支持。与此同时,要不断调整产业结构,继续壮大文化制造业,加大文化服务业的发展,逐步解决剩余劳动力就业问题。不断完善文化产业政策体系、不断优化市场环境,以投资、财税、金融、土地和价格政策为主要内容,研究制定有利于文化产业发展的各类投融资政策以及资金扶持优惠政策,建立扶持文化产业发展的政策法规体系。如,根据厦门"十三五"文化产业发展专项规划的思路,适当放宽文化企业的经营范围、股东人数、注册资本、出资条件、年检条件等方面限制,支持文化企业以股权出质、出资,拓宽融资渠道,逐步完善文化产业发展信息技术、交易融资等公共服务平台。

加大招商引资力度,引进新兴文化产业,推动翔安文化产业繁荣发展。一是可以采取资金引进方式,文化产业项目和其他公司项目一样,也可以合资、独资的形式出现,如中国贡香城闽台文化合作项目、闽台文化艺术园动漫与影视制作项目、闽台五缘文化艺术园项目等都是成功实例;二是文化企业引进。通过对外合作引进文化产业公司,推进传统文化服务业的改造,丰富境内文化产业市场,培养专业文化产业人才,提升翔安区文化产业专业水平,如棒垒球基地、汽车赛道等引进一批配套的文化项目;三是发挥对金对台合作优势,促进两岸文化对接融合。要发挥翔安区位优势,大力促进翔安本土文化产业与台湾同类文化产业的对接,促进两岸文化融合,推进文化产业经贸合作。通过对金门县政府旧址群的修缮,将文物保护与文物展览、旅游开发、文化产业等结合起来,打

造集中展现翔金历史发展、推介翔安人情风物的文化品牌项目。通过海峡论坛、海峡两岸文博会，积极推介翔安文化品牌，吸引更多台商投资翔安文化产业，促进两岸文化的交往互动。

总之，发展才是硬道理，发展才是文化资源开发利用的动力，是不断提高文化软实力的关键。发展文化事业和文化产业，提高文化的总体实力和城市竞争力，要树立强烈的机遇意识、发展意识，开阔发展思路，拓宽发展途径，坚持以政府为主导，加大财政投入力度，加强社区和乡村文化设施建设，鼓励社会力量积极参与公益性文化建设，拓宽服务渠道，健全服务网络，不断提高公共文化产品和服务的供给能力。要坚持以市场为主导，通过积极的产业政策和有序的市场化运作，充分发挥国有文化企业的骨干作用，保护好、引导好民营企业投资文化产业的积极性，迅速壮大文化产业的规模，使文化产业占国民经济比重明显提高、城市竞争力显著增强。要实施重大文化产业项目带动战略，立足原有文化资源基础上，加快文化产业园区和区域性特色文化产业群建设，培育文化产业骨干企业和战略投资者，打造具有核心竞争力的文化产品和文化品牌。

执笔：许文跃

时间：2018 年 2 月

调研报告

厦门市新文艺组织与新文艺群体调查报告

◎ 厦门市文联调研组

蓝皮书

针对新文艺组织和新文艺群体工作，习近平总书记强调指出："我们要扩大工作覆盖面，延伸联系手臂，用全新的眼光看待他们，用新的政策和方法团结、吸引他们，引导他们成为繁荣社会主义文艺的有生力量。"全国文联和省文联也作出把"新文艺组织、新文艺群体、新文艺形式纳入管理服务范围，强化行业服务、行业管理、行业自律"的工作部署。为深入贯彻落实习近平总书记的重要讲话精神，加强新文艺组织、新文艺群体正规化管理，激发创造力凝聚力，促进厦门文艺事业大发展大繁荣，2018 年 5 月至 8 月，我们采取实地走访、问卷调查、听取意见等方式，对厦门新文艺组织和新文艺群体进行了调研，形成如下调研报告。

一、基本情况

新文艺组织指由民营资本主导或民间人士自发组织的赢利或非营利性文艺文化机构，如工作室、文化经纪机构、网络文艺社群等。新文艺群体指在新文艺组织中从业或从事自由职业的文艺工作者,如网络作家、签约作家、自由撰稿人、独立制片人、独立演员歌手、自由美术工作者等。

(一)队伍不断壮大,素质普遍较高。近年来,我市文艺家协会中新组织及新群体逐年增加,人员结构趋向高学历、年轻化,普遍素质较高(见表 1)。目前,厦门各类文艺家协会共 11 个,其中新组织、新群体会员超过 1/3 的有 4 个。11 个文艺家协会之中,40 岁以下会员中新组织、新群体占比 90%以上,一半以上具有本科学历。新组织、新群体会员中,党员比例逐年增加,市民文协、市美协的新组织、新群体党员占比 30%左右(见表 2)。新组织、新群体逐渐成为文艺界不可忽视的一支重要力量,在文化强市建设中发挥着积极作用。

(二)运营模式多样,涉及门类广泛。一是个体文艺者和小型文艺工作室。数量特别庞大,几乎涵盖各文艺门类。但因"入会"门槛限制,加入文艺家协会的有限。二是民间文艺社团。数量较大、类型多样。以湖里区为例,现有 10 多个区级文艺团队,成员 1000 多人;社区级文艺团队近 300 个,文化志愿者人数 3000 多人。三是小型民营文化企业。员工数量多,充满创新活力。比如,厦门惠和股份有限公司,员工 86 人;龙人古琴文化投资(长泰)有限公司,员工 35 人。四是新兴文创园区。比如,厦门龙山文创园、厦门艺术西区、乌石浦油画村、鼓浪屿艺术岛和软件园区内的各类动漫游戏公司,积聚大量艺术人才。五是中型民营文化企业。比如,厦门传世艺宫文化产业有限公司,经常举办各类精品展览,开展对外文化艺术交流活动。厦门中华儿女美术馆,是厦门唯一"中国社会组织 5A 级"美术馆,其策展能力、展览水平、学术高度在全国具有一定的知名度和影响力。

(三)产业合作深入,产品形式多样。随着改革开放不断深入,新组织、新群体逐渐成为厦门文艺工作的重要补充力量。一方面,他们通过购买服务方式承接起部分政府公共文化服务功能，较好地满足了市民多层次、多样化的文化需求，有力促进了厦门文艺事业的繁荣。另一方面，一些新组织、新群体借助高科技和市场资本，在文艺产品的上下游拓展形成文化产业链条，并逐渐渗透到文艺以外领域。如动漫游戏企业领域，厦门目前拥有国家级企业25家，市级企业167家，呈现出骨干企业竞争力强、新企业发展迅速、原创游戏精品层出不穷、积极挺进虚拟现实、布局电子竞技产业等特点。

二、存在的困难与问题

互联网技术和新媒体的迅猛发展，催生了一大批新的文艺类型。新组织、新群体通过兴趣聚落、教育培训、组织展演等形式，有力地促进了文艺活动向基层延伸、向多领域渗透。但在发展进程中，也面临诸多困境、出现诸多问题。

（一）草根性与趋利性并重，管理服务难度较大。随着文化体制改革逐步深入，文艺从业人员已从过去清一色的“单位人”，变成“社会人”，网络作家、自由撰稿人、职业画家、民间艺人、独立制片人，以及在私营和外资文化企业工作的各式各类文艺专业人员越来越多。他们受市场经济、国内外思潮影响，不同程度存在重经济效益轻审美价值、重个人利益轻社会效益、重轰动效应轻长远影响等倾向，甚至有的作品价值扭曲、浮躁粗俗。由于新组织、新群体分布广泛、规模偏小、自由度较高，各级文联以及各文艺家协会对新组织、新群体联络、协调、服务、管理等措施还不够完善，新组织、新群体如何纳入并参与协会建设，如何加强行业自律、规范行业秩序，已成为亟待解决的现实问题。

（二）规模有限缺乏平台，综合竞争力较弱。新组织、新群体中个体文艺者和小型文艺工作室占绝大多数，他们规模小、实力弱，缺乏运营管理经验，没有良好的渠道参加高层次的培训，作品难以找到合适的平台展览、展示和展演，渴望参与政府购买服务活动但缺乏竞争力，参与项目申报、评比奖励等机会有限，面临的被盗版侵权问题也比较突出。

（三）发展层次偏低，人才集聚力弱。由于厦门新组织、新群体起步相对较晚，产业层次相对偏低，产品以低端服务性产品居多，高端产品少之又少。特别是缺乏引领能力较强的创新型龙头企业，对高层次文创人才吸引力不足，复合型和领军型人才缺乏问题比较突出，未能有效发挥促进文化产业结构调整和培育新经济增长点作用。而在深圳，深圳合纵文化集团等数十家新文艺组织已成为行业翘楚，吸纳聚集了相当数量国内顶尖音乐人才，签约艺人500多名。厦门则缺乏类似龙头企业。在文艺创作方面，深圳荣获全国“五个一”奖项的作品达48个，新组织、新群体在其中发挥了很大的作用；相比之下，厦门新组织、新群体明显不具备这样的能力。

（四）政策机制不够完善，发展面临诸多困境。新组织、新群体发展涉及文化、宣传、法制、工商、民政、财政、税务等多个部门，注册登记、用地、设施、人才、资金、维权等是遇到的常见困难和问题。他们迫切期望得到专业技术职称评定，但因现行评定标准而无法被纳入评定范围。随着新组织、新群体规模日趋扩大、人员日趋增多，急需建立健全相应的行业标准、从业规范，使之更好为发展社会主义文艺服务。

三、意见与建议

为贯彻落实新发展理念，进一步管好用好服务好新组织、新群体，推动厦门文化事业和文化产业发展，我们提出以下几点意见与建议。

（一）统筹考虑，完善配套。随着网络技术的迅速发展以及网络与传统行业的融合重组力度不断加强，新组织、新群体逐渐成为一支强大的文化力量，在经济、政治、社会、安全等多方面发挥了越来越重要的作用。建议：一是把新组织、新群体同文化发展、文艺精品创作生产等工作统筹考虑，纳入各级党委、政府的重要议事日程，成立相应领导小组，强化主导权，从项目规划、题材策划到龙头企业培育、人才引进和扶持措施等方面统筹指导。二是建立健全配套措施，建立和完善加强新组织、新群体日常工作、催生文艺精品等方面的扶持机制，细化专业培训、展演场所、职称审定、购买服务、资金扶持等具体措施，有力引导新组织、新群体健康有序发展。

（二）理论先行，服务跟上。理论与实践的脱节，一直是困扰文艺界的难题。为更好地团结新文艺人员，充分发挥新组织、新群体积极作用，必须坚持理论先行，调研、批评、推介以及其他相关服务跟上。建议：一是盘活现有资源，借鉴上海、湖北、宁夏、深圳、三明等地做法，把厦门文学院改造为“厦门文学艺术院”，坚持“创作、研究、培训、产业”的职能定位，以促进我市新组织、新群体健康成长和文化发展、文艺创作生产的研究工作，加大宣传、推介体制内外的文艺作品走向市场、走向世界的力度。二是应尽快成立文艺评论家协会，建立、培育一支结构稳定的文艺评论员队伍，通过文艺沙龙、专题调研、集中研讨等多种形式，对体制内外的文艺人员及作品积极开展评论引导。三是修订完善各文艺家协会《个人会员入会条件细则》，打破界限，调整入会门槛，积极动员、主动吸收新文艺群体中的优秀人才入会，加强会员资料数据库建设。四是加大新文艺群体培训力度，建立常态化的文艺家协会会员培训平台。五是开展新文艺工作者专业技术职称评定工作，让体制外文化艺术人才享有同等待遇和准入门槛。六是创新文艺展览展演场馆的使用机制，建立区域性文艺场馆运营联盟，盘活国有文艺场馆闲置时段资源。七是畅通政府购买社会力量文艺服务渠道，对体制内外文艺组织、群体给予同等竞标资格，实行公开、公平、择优采购。八是支持新文艺组织建立行业联盟，围绕文化、艺术、金融和法律等方面开展多渠道多角度合作，为联盟成员的文化艺术及产业合作提供全方位支持。

（三）培育“龙头”，汇聚人才。在支撑文化产业发展、提升文艺市场竞争力方面，龙头企业的作用无可替代。目前，要推动厦门文化产业的转型升级，关键要依靠龙头企业带动。培育了龙头企业，就等于抓住了加快全市转型升级的“牛鼻子”，将带动一大批新组织、新群体中小企业的发展，做大基地、兴大产业、占大市场。建议：一是要重点培育推动一批具有良好发展势头的文艺企业发展壮大，提升厦门龙头文化企业的全球影响力。加强战略研究和顶层设计，明确方向。要抓好重大项目建设，以“文化品牌”为主线，文化搭台、经贸唱戏，通过一个个大项目，促进企业做大做强做优；要推进企业重组整合，抢抓机遇，整合优势资源，加快培育一批文化领军或龙头企业、大力培育扶持“文化科技型”“文化创意型”“文化金融型”“文化旅游型”等多种模式的文化企业。对于大型文化产业集团和公司在基建批地、考察交流、培训指导等方面，可以考虑在政策、资金、硬件配套等方面给予扶持。二是要引进一批具有良好发展前景的文化企业，提升厦门文化产业发展活力。可以通过手续审批、建设用地等方面的优惠政策，以及配套服务提升、精品创作扶持等方面的积极举措，吸引一批有活力的朝阳文化企业入驻厦门。三是通过项目扶持的形式，助推一些文化企业和民间文化产业基地发展。比如，厦门龙山文创园、厦门艺术西区、乌石浦油画村、鼓浪屿艺术岛和动漫游戏基地，发展基础良好，优势明显，可以重点扶持，并逐步使之成为重点文化产业基地。四是要加强新文艺组织、群体企业家队伍建设。科学制定文艺人才引进与培养规划，在积极培育本土名家、自出大师的同时，还要突破人才选用的“体制壁垒”与“身份藩篱”，根据文化产业发展的需求，注重真才实学和业绩贡献，创新机制，对不同层次的人才采取不同的引进与培养方式，积极构建厦门高端文艺人才和文化产业复合型人才高地。

（四）搭建平台，催生精品。精品力作代表一个时代的精神高度，体现一个民族的思想深度，标志一个城市的文明程度，是文化强市的重要标志。新组织、新群体是文化产业新崛起和文化强市的一支生力军，特别是一些起点高、实力强的大型民营文化企业，完全有能力创作一大批竞争力十足的文艺精品力作。厦门区位优越，文化多元，拥有丰厚中原古老文化（河洛文化）与闽越土著文化相融合的闽南文化资源；兼具数百年与海外文明交流对接的世界优秀文化资源；与台、港、澳、侨文化来往密切；又是一个移民城市，多种文化相互交融，取长补短，铸就了厦门文化多姿多彩、兼容开放以及平和从容的特性。搭建各类平台是政府支持与扶持文化事业、文化产业的重要方式。建议：一是做大做强“海峡两岸文化产业博览交易会”平台，发动更多优秀的新组织、新群体参与其中，直接面对市场寻找挖掘经济潜力。二是下大力气搭建一批文化演艺中介机构和文艺作品的展示平台，推动作品更好地占领市场、赢得受众。三是探索创建“国家对外文化贸易基地”，利用国家“一带一路”倡议计划，加强与海内外文化艺术界的交流与合作。将来可以利用基地品牌与国际重要展会进行品牌合作，在厦门打造类似巴黎时装周、威尼斯双年展、爱丁堡艺术节等文化会展品牌，使厦门成为辐射海峡两岸及东南亚的国际文化创意展示交易中心。四是充分利用每年举办的“九八投洽会”“海峡论坛”“国际石材展”“国际佛事用品展览”等100多个国际性和全国性展会的机会或平台，为新组织、新群体提供展示空间和交易平台。厦门的市民文化节、读书月等众多的文化品牌活动，以及其他多种公益性质的文艺、文化赛事、展览和论坛等，也应注意吸纳新组织、新群体参与，为其发展提供平台。五是在岛内一些老旧厂房盘活、旧街区改造等方面，以及各类文化创意园区、网上创新平台等，也应注意通过各种优惠政策吸纳新组织、新群体参与项目改造或加盟入驻，为他们参与文化活动提供必需的平台、空间和场所。

表 1　厦门市新组织、新群体会员学历情况表

	博士及占比		硕士及占比		本科及占比		大专及占比		高中(中专)及占比	
市作协			9	10.71%	36	42.86%	22	26.19%	6	7.14%
市剧协	5	1.87%	4	1.49%	50	18.73%	53	19.85%	99	37.07%
市音协					14	41%	7	20%	13	39%
市美协	4	0.53%	34	4.53%	342	45.7%	352	47%	15	2%
市书协	3	2.56%	12	10.26%	58	49.57%	26	22.22%	18	15.38%
市摄协	2	0.9%	8	3.7%	51	23.8%	70	32.7%	58	27.2%
市舞协			1	0%	40	34.8%	10	8.7%	59	51.3%
市曲协			1	1%	7	8.7%	10	12.5%	62	77.5%
市影协			3	11.6%	16	61.6%	5	19.3%	2	7.7%
市视协					7	70%	3	30%		
市民文协			16	7.61%	70	32.7%	63	29.4%	21	9.81%

表 2　厦门市新组织、新群体会员及党员总数情况表

	会员总数	新组织、新群体会员数	占比	党员总数	新组织、新群体党员数	占比
市作协	385	84	21.82%	142	16	11.27%
市剧协	267	41	15.36%	50	10	3.74%
市音协	513	34	6.6%	74	3	4%

续表

	会员总数	新组织、新群体会员数	占比	党员总数	新组织、新群体党员数	占比
市美协	749	165	22%	224	67	29.9%
市书协	981	492	50.15%	328	85	8.66%
市摄协	511	214	41.8%	187	25	13.3%
市舞协	335	115	34.3%	111	17	15.6%
市曲协	304	80	8.7%	72	7	10.1%
市影协	83	18	21.6%	4	0	0%
市视协	87	10	11%	55	2	4%
市民文协	214	120	56.1%	77	24	31.2%

执笔:蔡清辉

时间:2018年12月

Wenhua Jiaoliu

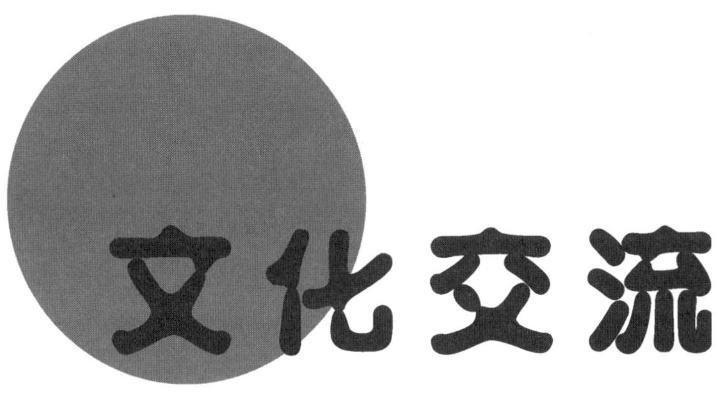

文化交流

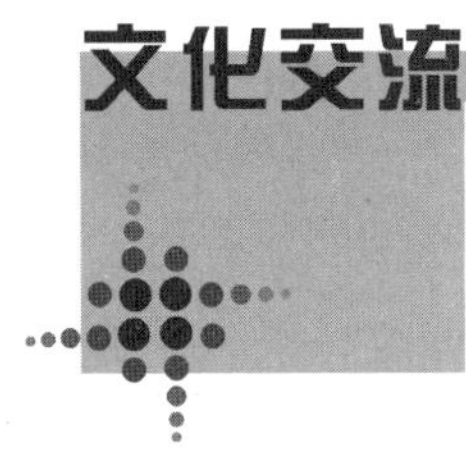

推进文化科技深度融合 促进新型文化业态加快发展

◎ 中共厦门市委宣传部

党的十八大以来，在省委宣传部的直接领导和省文改办的统筹协调下，厦门市文化产业增速较快、提质增效，呈现出良好的发展态势。进入新时代，厦门市委市政府把推进文化产业实现高质量发展作为厦门市坚持高质量发展落实赶超、建设高素质高颜值现代化国际化城市的重要内容，以推进文化和科技深度融合为抓手，着力推进文化产业供给侧结构性改革，全力打造文化创意千亿产业链，文化产业内部结构不断优化，以科技为重要支撑的数字内容与新媒体、创意设计、演艺娱乐、高端艺术品和影视等核心产业门类已经成为厦门市文化产业发展的主导力量，占比超过60%；文化科技深度融合、文化科技产业迅猛发展成为厦门市文化产业高质量发展的重要标识，文化科技型的新型业态对文化产业增长的贡献率超过70%，主要体现在以下四个方面：

一是科技型文化产业全领域生态化发展。厦门以新媒体与数字内容产业为核心，从数字化创作生产到网络化传播平台建设，从数字化终端展示到内容监管手段创新，着力全领域布局，形成了从基础到应用、从硬件到软件、从创新发展到内容监管的数字产业发展格局，构建了较为完整的产业链和有利于新兴业态发展的产业生态环境。作为文化和科技融合发展的重要载体，厦门软件园成长性全国第一，荣获2018年大数据明星产业园，300多家文化科技型企业在此聚集发展，文化产业集群化发展态势已经初步形成。

二是文化科技型领军企业表现突出。厦门市成功培育了文化类国家级高新技术企业101家、市级高新技术企业71家，在新媒体与影视科技领域、VR/AR领域、数字出版领域、智慧旅游等领域都聚集了一大批龙头企业，成为厦门市文化产业新型业态发展的中坚力量。比如，中国最大的手机动漫平台咪咕动漫，中国最大的游戏门户网站4399，中国拥有版权形象最多的公司翔通动漫，股市表现抢眼的吉比特，全国知名文化APP企业十点读书等。厦门市动漫游戏产业排名全国第7，人工智能产业城市排名全国第14。

三是文化科技新业态新模式不断涌现。厦门市努力把握数字技术、网络信息技术、智能技术为代表的高新技术对文化产业进行融合渗透的大趋势，着力推动文化产品创新和文化服务手段创新，鼓励发展新型文化业态和探索新的商业模式，互动娱乐、数字会展、文化旅游、数字教育等新型文化业态蓬勃发展。比如，任我游公司围绕智慧旅游体系建设、AR/VR的商品化应用等开展集群研发，获得70多项具有引领性的著作权和技术专利，搭建起面向旅游城市、涉旅游企业等各类主体的旅游信息化与智慧旅游解决方案。

四是厦台文化产业对接合作日益活跃。在综合分析台湾文创比较优势的基础上，厦门市把创意设计和数字内容产业作为推进厦台文化产业交流对接与合作发展的重点领域，并利用两岸文博会等展会平台和海峡两岸文创园、台湾科技企业育成中心等园区或创新孵化基地，深入推进厦台之间文化产业领域的合作对接，取得了积极成效。特别在数字内容等文化科技领域，厦门利用4家国台办挂牌的海峡两岸青创基地和7家省级台湾青年就业创业基地，累计引入各类台湾青创业团队500个，聚集了近400家台资数字内容企业。

回顾总结十八大以来厦门市推进新型文化业态发展的实践，有这样几点体会：

一是把握趋势、明确重点，加强规划引领。文化与科技融合是引领文化产业发展的大趋势。早在“十二五”文化产业发展专项规划中，厦门市就把数字内容与新媒体作为重点发展的四大产业集群之一。在开展“十二五”规划中期评估期间，厦门市秉承科技创新与文化发展相结合、创新创意与市场需求相结合、扩大规模与优化结构相结合的原则，进一步明确文化产业发展的重点领域，把数字内容与新媒体、创意设计等作为重点发展的五大产业门类，深化厦台在发展新型文化业态上的合作对接，探索一条特色化、差异化的文化产业发展之路。

二是建设载体、创新驱动，突出集约发展。厦门市把建设好“国家级文化和科技融合示范基地”作为推动文化科技型文化业态创新发展的重要载体，依托火炬高新区高科技产业集群化发展的比较优势，大力引进文化科技型企业。由火炬高新区管理的厦门软件园已经成为新型文化业态培育和发展的集中区，有300多家文化科技型企业聚集，4399、飞鱼科技、美图秀秀、翔通动漫、美柚科技等一大批知名企业在这里成长壮大。厦门市依托创业基地和众创空间，注重孵化质量，加强自主培育，数字化创作生产和网络化快速传播为代表的新型文化企业的本土培育率超过85%，其中上市公司本土培育率达100%，规模以上企业自主培育率超过93%。充分发挥文博会、国际动漫节和中国数字娱乐产业高峰会等平台的作用，创意与资本、文化与科技直接对接深度融合，有力推动厦门数字内容产业向“大数据、大平台、全领域、全球化”方向发展。

三是完善机制、配套政策，着力优化环境。发挥厦门市文化改革发展工作领导小组及其办公室的作用，在此基础上着力完善文化和科技融合建设统筹协调机制，推进政策配套和服务体系建设。在政策配套方面，近年来，厦门市、区两级共出台了18项促进文化与科技融合的政策，每年财政投入近亿元。仅仅就支持文化企业自主研发创新这一项，2018年已资助了110家文化企业，补助金额超过6000万元。在服务体系建设方面，积极打造面向企业的公共服务平台，建设“火炬众创服务站”，推行创新券；搭建技术服务平台，为企业提供低成本、高水平的公共技术服务；搭建金融服务平台“鹭创汇”，集聚了300多家创投、担保、券商、基金、投资机构等金融机构，汇聚了规模超300亿元的金融资本。用好用足国家政策，鼓励和辅导文化企业积极申报国家科技项目。

厦门市将认真贯彻落实全国、全省宣传思想工作会议精神，根据全国文化与科技融合会议有关部署和本次会议的具体要求，进一步促进厦门文化与科技深度融合，着力提升文化产品的科技和创意含量、着力提升新兴文化业态和文化服务业的比重，推出一批叫得响、有影响力的知名文化品牌，实现文化产业高质量发展。

2018年11月

中华经典　照亮未来

——第二届海峡两岸青少年共享阅读活动总结

◎ 厦门外图集团有限公司

为搭建两岸青少年阅读交流平台，传承弘扬中华优秀传统文化，增进两岸同胞的心灵契合，在国家新闻出版署、福建省新闻出版广电局的指导下，第二届海峡两岸青少年共享阅读活动于 2018 年 7 月 15 日至 21 日在福建举办。活动邀请两岸 40 名青少年代表，以书为媒、以文会友，参访福建人文景点，阅读分享中华优秀作品，组织举办名家讲座、读书交流分享会等系列活动，两岸青少年代表创作的文章结集出版并在两岸读者中推广发行，在两岸产生了良好的影响。现将活动情况报告如下：

一、项目总体情况

第二届海峡两岸青少年共享阅读活动以“中华经典 · 照亮未来”为主题，由国家新闻出版广电总局和福建省人民政府主办，福建省新闻出版广电局承办，厦门市文化广电新闻出版局、福建省出版物发行业协会、台湾中华青年交流协会协办，厦门外图集团有限公司、外图（厦门）文化传播公司执行运作。活动自 2018 年 6 月中旬起至 8 月中旬，分为“选手报名、作品预读、参访交流、文章创作、评选出版、颁奖发行”6 个阶段。7 月 15 日至 21 日，两岸 40 名青少年相聚福州、厦门、漳州、泉州，开展为期一周的结对阅读交流活动，用同读一本书、同走一段路、同写一篇文章的方式，分享阅读名家作品，聆听中华文化讲座，两岸青少年以独特的视角、细腻的笔法抒发亲身见闻、感受和阅读交流心得，结集出版《文知馨语——第二届海峡两岸青少年共享阅读活动作品集》，并在两岸推广发行，进一步扩大活动影响。

二、主要特色和做法

一是两岸选手代表性强。本次活动面向台湾 16 个县市的 180 余所学校发布活动公告并组织报名，经过台湾协办单位中华青年交流协会组织的面试选拔，最终来自台湾大学、辅仁大学、高雄师范大学等 7 所大学的 10 名大学生和来自台北市立台中女子高级中学等 10 所高中的 10 名高中生，共 20 名台湾优秀青少年代表参加活动，其中大部分台湾青少年学生是首次来祖国大陆参访交流，由台湾师范大学国文系教授潘丽珠等 3 名老师带队。大陆选手则在福建省各重点高校和高中进行报名筛选，参加活动的两岸青少年覆盖面更广，代表性更强。

二是阅读书目更具吸引力。本次活动选择以余光中“乡土乡愁”主题作品《听听那冷雨》、林语堂作品《生活的艺术》以及中国历史文化名人丛书《朱熹 理学之集大成者》等，供两岸青少年阅读交流，相关图书中华文化内涵丰富，同时组织两岸青少年实地参访厦门鼓浪屿岛上的林语堂故居、泉州永春县的余光中纪念馆以及位于厦门同安区的朱熹主政的县衙旧址，将阅读与行走探访有机结合，碰撞出阅读交流的灵感火花。

三是参访行程更具文化内涵。本次活动，组织两岸青少年参访体现福建祖籍文化、客家文化的土楼及展现中西文化交融的鼓浪屿等“世界文化遗产”行程外，新增厦门北站台湾青年创业基地、厦门老院子、朱子书院、福州三坊七巷、福建博物院等参观点，组织观看《闽南传奇》大型实景剧表演，引导两岸学生结合活动参访见闻和阅读交流体会进行文章的创作，加深对中华文化内涵的深刻理解。

四是讲座活动更加新颖多样。此次活动，还邀请厦门市委宣传部原常务副部长、市社科联党组书记林聪明作关于鼓浪屿文史知识讲座，台湾师范大学教授潘丽珠讲授林语堂《生活的艺术》导读课，余光中文学馆馆长介绍余光中先生的生平轶事；举办主题读书会、文章创作研讨会、中华传统文化知识讲座、联欢晚会、结对赠别等丰富多彩的交流活动，两岸青少年在品味书香、共读经典的氛围下增进了解，深化友谊。

三、取得的社会效益和工作体会

海峡两岸文化同根同宗，书籍是两岸青少年心灵沟通的重要桥梁，海峡两岸青少年共享阅读活动以书为媒，共读中华经典作品，开创了推动两岸青少年文化交流的全新组织形式，为推动两岸青少年交流做出了积极的探索和尝试，成为两岸青少年阅读交流的一项品牌活动，取得了积极深远的社会影响。

（一）扩大了两岸青少年的阅读视野。活动通过分享中华经典著作，参加中华经典作品研读和中华文化知识讲座，拓宽了两岸青少年的阅读视野，提高了中文写作能力。

（二）增进了两岸青少年的交流友谊。参加活动的两岸学生通过为期一周的同读、同游、同乐，相互分享阅读心得和见闻感受，结对举办系列阅读研讨，促进了两岸青少年间的相互了解，建立起深厚的青春友谊，发挥了阅读项目在推动两岸青少年交流中的独特优势和作用。

（三）深化了两岸同属中华文化的共识。两岸青少年在交流中深刻感受祖国大陆发展变化亲身感受“闽台一家亲”的历史文化渊源和一脉传承风俗习惯，进一步深化“闽台一家亲”的文化共识，促进两岸青少年的心灵沟通，纷纷表示将结集出版的两岸青少年阅读作品集推介给更多的台湾读者，邀请大家有机会来祖国大陆学习、创业和就业。

执笔：汪　凯

时间：2018年8月

Gonggong Wenhua

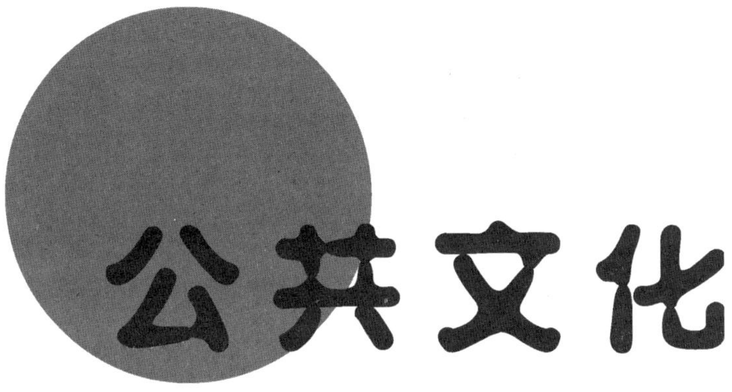

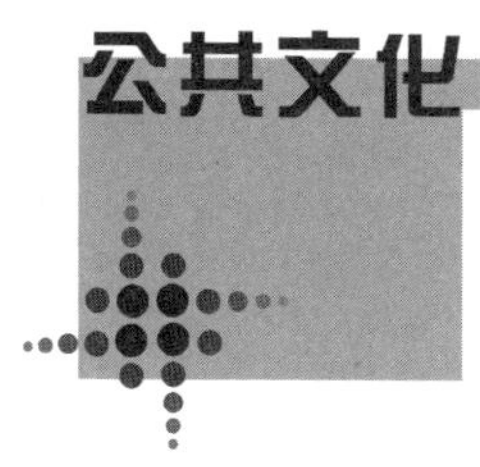

公共文化

推广阅读　享受阅读　分享阅读

——2018年厦门市专题读书月活动总结

◎ 厦门外图集团有限公司

知识，赋予城市力量；书香，温润人的心灵。阅读，是在书中享受生活、感悟人生、快乐成长的过程。外图厦门书城坚持走文化之路，坚持推广全民阅读，为推广全民阅读肩负着重大责任。

党的十九大报告提出“坚定文化自信，推动文化繁荣”，政府工作报告提出“大力推动全民阅读”。从过去的“倡导”升级为“大力推动”，折射出党和政府进一步加大及推广全民阅读的决心。一直以来，外图厦门书城都秉承“推广阅读、享受阅读、分享阅读”的宗旨，致力于做优秀内容的提供者和全民阅读的指引者，积极提供公共文化服务。为配合厦门市推动全民阅读，创建学习型社会的部署，外图厦门书城在厦门市委宣传部的直接领导下，自2008年起，每月推出不同的阅读主题，广泛开展了各种内容丰富、形式多样的厦门市专题读书月全民阅读活动。

2018年4月第15次全国国民阅读调查数据显示：2017年我国成年国民各媒介综合阅读率保持增长势头，数字化阅读方式的接触率和纸质图书阅读率均有所增长。传统纸质媒介中，我国成年国民人均每天读书时长为20.38分钟，人均每天读报时长为12分钟人均每天阅读期刊时长为6.88分钟。我国成年人中，10.2%

的国民年均阅读10本及以上的纸质图书，有5.4%的国民年均阅读10本及以上的电子书，有45.1%的成年国民更倾向于“拿一本纸质图书阅读”。数字化阅读的发展，提升了国民综合阅读率和数字化阅读方式接触率，整体阅读人群持续增加，但也带来了图书阅读率增长放缓的新趋势。为此，外图厦门书城一如既往地举办厦门市专题读书月，推广全民阅读的信心。对纸质图书的阅读习惯进行培养和传承，推广传统纸质阅读是外图厦门书城义不容辞的责任。现将2018年读书月活动的主要成果总结如下：

一、主题活动精彩纷呈，多渠道推广全民阅读

以进一步推动全民阅读为信念，2018年外图厦门书城年度月份主题活动结合了每月的重要节日，针对不同的阅读群体，敲定科学合理的阅读主题，共策划实施“书店备年货，带上好书去串门”“书香3月，女性阅读季”“4·23世界读书日，让阅读改变生活”“一日无书 百事荒芜”“夏日书香童年”“改革与诗，7月党建读书月”“萌新开学季，整书待发”“新时代，新阅读”“书香鹭岛读书月”“书香蕴存，读到灵感的味道 ”等12项主题活动。全年共举办近300场全民阅读活动，吸引数万名读者直接或间接参与阅读活动，为建设“文化鹭岛”提供强大的精神文化力量。举办店内常规主题书展、厦门本土作家品读会、海峡两岸暨香港名家读者见面会、亲子阅读分享讲座、科普知识讲座以及故事屋绘本DIY手工课堂等各项主题突出鲜明的活动。直接、间接参与读者超35万人次。全年参与活动人流量150万余人次，平均每月人流量达13万人次，在原有传统阅读主题的基础上，将“4·23世界读书日”、“著作权保护宣传月”、阅读基地暑期夏令营、“小小图书管理员”、“书香鹭岛活动月”等活动融入当月阅读主题中，努力将阅读意识植入广大

市民生活、工作习惯中，争取以最大的社会合力为市民创造阅读氛围。

不仅如此，2018 年度书城邀请了海峡两岸暨香港各领域的漫画家、作家及其他文化名人约 60 余人加入到专题读书月活动中，共举办 50 余场新书发布会、读书讲座活动，与广大市民读者分享了传统阅读所带来的美感体验。这些作家名人包括台湾著名作家林清玄、台湾艺术家徐毕华、知名儿童作家曹文轩、台湾儿童作家陈卫平和子鱼、儿童作家肖定丽、儿童作家晓玲叮当、商晓娜、宴菁、左昡、柠檬姐姐、成都姑娘陈莉娟、新锐导演孟火火、知名作家张嘉佳、人气漫画家二混子、画家冰儿潇潇、北大人气作家苑子豪、漫画家肥志、漫画组合壳小杀左小、新生代偶像孟瑞，厦门本土名家：龚洁、须一瓜、林丹娅、南宋、谢泳、彬罗、金小刀、欧阳鹭英、张云良、许晓春等。这些活动带动了书城火爆人气，让市民有机会一次次目睹名家名人的风采，聆听智者声音，参与热情高涨。

二、加大对外活动文化输送，服务基层市民阅读

2018 年，外图厦门书城继续巩固和扩大店外活动，新增 3 所阅读基地校：金福园幼儿园、杏苑小学、美山小学，累计创建了 61 所阅读基地校。本年度邀约了著名儿童文学作家曹文轩、左昡、宴菁、子鱼、肖定丽、商晓娜与阅读基地学校师生面对面。分别在群惠小学、思明小学分校、寨上小学、思明第二小学、湖里进修小学、故宫小学、金福园幼儿园、杏苑小学、窗内小学、云顶学校、金山小学、吕岭小学、莲龙小学、滨海小学、翔鹭小学、东渡小学、湖里实验小学、湖里进修第二附小、美山小学、大同小学等阅读基地学校开展了 21 场校园读书节书展活动。直接参与学生、老师人数超 3 万人。除了举办阅读基地书展进校园外，继续深入基层社区街道，举

行了中山公园书展、莲花公园社区书展、会展中心动漫展、会展中心人居展、市图书馆“鹭岛书市”大联展活动，为社区街道居民提供优质阅读渠道；与部队开展共建，挑选了近千种图书对图书馆室藏书进行更新、补充，丰富部队官兵们的业余文化生活；开展阅读进企业，以会书香鹭岛读书月活动为契机，在智能互联企业举行图书书展，为企业职工提供精神养分。

三、坚持品牌文化活动开展，提升读者体验感和参与度

本年度专题读书月活动，共有三档品牌文化活动：又见书单、电影沙龙、why to 外图，邀请不同领域的嘉宾读者分享故事、分享阅读观感、分享观影心得、推荐阅读书单，坚持每月举办，取得了一定成效。截至 2018 年 12 月这三档活动共举办超过 30 期，活动中邀约的嘉宾有：厦大教授谢泳、厦门作协主席林丹娅、厦门作协副主席南宋、厦门作家张云良、厦门作家蔡伟璇、厦门儿童作家香橼姐姐、厦门作家草梅、厦大法学博士山鹰（朱敬恩）、斜杠线阿董哥、手机摄影达人远仁等。

此外，外图厦门书城加强与市社科联合作，在书城阅读区坚持举办鹭江讲坛活动，邀请相关专家、讲师举办专题分享会、作品朗读会、名人故事会等。2018 年 1 月初，为学习贯彻党的十九大精神，书城特邀市社科联专家为会员单位和读者开展了 10 余场党的十九大精神专题解读讲座。

在各项专题阅读活动中，还开展了大量互动问答、亲子共读、手工 DIY 等富有参与性和体验感的系列活动。例如：金安小学亲子共读分享会，每期围绕一本书，小朋友可以和家长一起现场共同分享读后心得；“小小图书管理员”活动，在书城和儿童书店都不定

期招募举办了体验互动，让小读者可以独立完成图书整架分类，从而体验到图书管理人员的日常；龟糕印公益课堂系列，龟糕印传承人潘海员老师现场教授小读者传统手工雕刻技艺传承的重要性，尝试实现材料和技术及表现形式的创新，加强其文化渗透，努力将其打造成为厦门市民乃至全国人民和市场喜爱的作品和产品，繁荣发展民族传统工艺事业。这些活动跳出了传统刻板的阅读体验，让读者在享受活动参与乐趣的同时，与家人亲密互动共同感受快乐时光，从而把书本阅读知识提升到实践运用。正是这种开放有趣的读书月活动拓展创新形式，吸引了众多市民读者参与，受到很多读者的肯定与赞扬。

四、加强宣传扩大影响，线上线下融合发展

媒体方面，通过电视台（如聆听两岸、城市 T 频道、厦门电视台、海峡卫视）、广播（如厦门新闻广播、厦门人民广播）、报纸（如《厦门日报》《厦门晚报》《海西晨报》《海峡导报》《东南快报》）、网络（如凤凰网、新浪网、腾讯网、厦门网、小鱼网）等媒体发布超 150 篇/次关于专题读书月各种文化活动的报道，达到了立体式的宣传效果，对引领全民阅读，营造良好书香阅读氛围起到积极作用。在阅读基地学校设置青少年学生阅读宣传栏，定期更新阅读推荐书目，并在寒暑假期为阅读基地学生发放课外阅读推荐书单。

除此之外，外图厦门书城继续将微信作为推动新兴阅读平台发展的新力量，打造成厦门市专题读书月活动信息发布和好书推荐的一个重要窗口，安排专人每周更新读书月活动信息，发布推荐图书目录。2018 年书城微信共推送文章 400 多篇，成为线上销售及对外宣传的主要途径。目前微信公众平台粉丝已有 46367 人，同比 2017 年新增粉丝近万人次，微博关注近 10449 人，线上线下

互动的阅读引导取得了较好的效果，不少读者通过这种方式，获得了更多的阅读资讯。与此同时，书城依托互联网技术，积极推动实现实体书城智能化，为读者提供更多的自助消费体验。如利用微商城实现自助查书和自助购书；利用二维码、微信平台、微信支付实现读者自助付款。未来将在适当时机开发图书定位终端查询系统软件、布置查询终端，实现通过手机、电脑登录查询终端准确获取图书的实际位置，提高查询的便捷性。线上线下实现你中有我、我中有你，线上营销、线下体验、交易方式多样化。

2018 年外图厦门书城以阅读为切入点，通过一系列活动的开展，各项渠道的推广，进一步强化阅读快乐、快乐阅读的指导思想，激发市民的学习兴趣，在营造书香氛围，推动建设学习型社会方面都取得了不错的成绩，但还是有存在不足的地方。

2019 年，厦门市专题读书月活动将总结经验教训，把读书活动认认真真地开展下去，扎扎实实地做出成效。使读书月活动更加有针对性、时效性、建设性、创新性，使读书不断获得新的内涵，成为厦门人的一种生活方式。我们期盼新的一年厦门专题读书月活动更上一层楼，带动更多的市民读者加入阅读大集体。

执笔：林元添

时间：2018 年 12 月

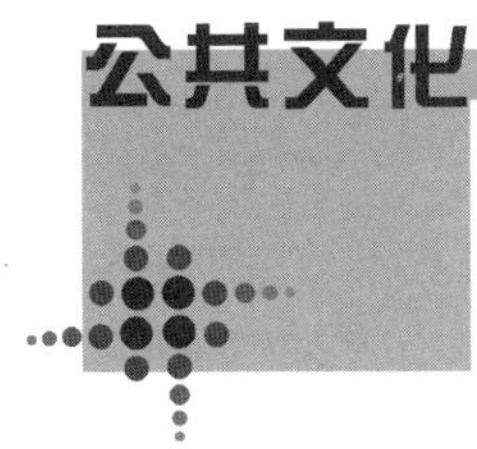

厦门市公共文化设施建设的探索与思考

◎ 厦门市文化广电新闻出版局*

党的十九大以来，以习近平同志为核心的党中央站在时代高度，对加快构建现代公共文化服务体系建设做出了一系列重要部署。加快构建现代公共文化服务体系是认真贯彻落实习近平新时代中国特色社会主义思想的重要内容，是推动社会主义文化繁荣兴盛的坚实基础，是满足人民群众基本精神文化需求的主要途径，是推进厦门市实现率先全面建成小康社会、加快建设“美丽中国”典范城市和争当“五大发展”示范城市的重要内容。厦门市自2013年获得全国首批国家公共文化服务体系示范区城市称号以来，在各级政府部门的高度重视下，全市加快构建现代公共文化服务体系，取得显著成效，对弘扬社会主义核心价值观、促进文化事业繁荣发展、保障和改善文化民生发挥了重要作用。

* 厦门市文化广电新闻出版局现改名为厦门市文化和旅游局。

一、夯实“国家公共文化服务体系示范区”基础，公共文化基础设施大力提升

厦门市将文化设施建设与跨岛发展、城乡统筹战略同步规划、同步推进。继续夯实“国家公共文化服务体系示范区”基础，积极推进公共文化基础设施体系标准化、均等化建设，坚持以大型公共文化基础设施为骨干，以基层文化设施为基础，以文化设施互联互通、共建共享为目标，进一步提升基层文化设施的建设规模，推动公共文化基础设施网络不断完善，使居民文化获得感逐步提升。

（一）大型文化设施岛内外均衡布局

厦门市进一步完善现有基础公共文化设施建设，推动岛外市图书馆集美新馆6万平方米的全省单体最大图书馆实现开馆，进一步促进全市大型文化设施岛内外区域均衡。截至2018年底，厦门市拥有厦门市文化艺术中心、集美新城文化中心、五缘湾艺术中心、小白鹭金荣剧场、闽南大戏院、嘉庚剧院、筼筜书院、诚毅科技探索中心、经济特区纪念馆、故宫鼓浪屿外国文物馆等大中型公共文化设施54个，6个行政区均相应建成区级文化艺术中心。其中，厦门市文化艺术中心总面积达13万平方米，是国内功能配套较完备的文化艺术中心之一；集美新城文化中心总面积32万平方米，总投资预算7.6亿元，已接近完工，成为包含图书馆、文化馆、科技馆、大剧院、马戏城、主题公园（神游华夏）等为一体的岛外公共文化设施群。从岛内外分布比例来看，占全市总人口52%的岛内，拥有28家公共文化设施，占比51.9%；占全市总人口48%的岛外4个区，拥有26家公共文化设施，占比48.1%，岛内外公共文化设施布局趋向均衡。

(二)公共文化场馆建设全面达标上等级

厦门市在市区两级公共文化设施设置率100%的基础上,推进公共文化设施全面达标上等级,全市17家文化馆、图书馆达到100%国家二级馆以上标准(94.1%为国家一级馆,5.9%为国家二级馆),充分保障人民群众公共文化获得感。

厦门全市共有市区两级公共图书馆10个,其中9个被评为国家一级馆,已形成了包括1个中心馆、9个成员馆、128个街区自助图书馆、89个联网分馆、22个联网流通点及31个汽车图书馆服务网点等共280个联网服务点的区域性图书馆联合服务网络,为推动厦门建设全民阅读典范城市打造坚实的设施基础。截至2018年底,厦门市市区两级公共图书馆(不含分馆)总建筑面积达131916平方米。其中,市图书馆集美新馆建筑面积6万平方米,为全省单体最大的图书馆[①]。2016年,厦门市城市综合阅读率达到90%,名列全省第一[②]。2017年,全市公共图书馆总流通人次高达904.5万人次。

有市区两级公共文化馆7个,均被评为国家一级馆。市区两级文化馆年均总服务人次超过150万人次。其中,厦门市文化馆平均每年组织开展各类群众文化活动近百场次,年举办馆内阵地培训150个班,培训群众近8万人次,服务群众40万人次。常年开展下区、镇(街)、村(居)辅导活动,组织成立青年民族乐团、中老年艺术团等文艺团队13个、文化活动基地和未成年人文化活动基地(示范点)28个[③]。

---

① 腾讯大闽网,http://fj.qq.com/a/20181002/004477.htm.

② 厦门乐居网,http://xm.leju.com/news/2016-10-29/07526197917897898399765.shtml.

③ 厦门市文化馆网站,http://www.xmwhg.com.cn/bggk/bggk/.

蓝皮书

有镇(街)综合文化站39个(镇级15个、街道24个)、村(居)文化室(中心)487个、基层文化活动基地(示范点)55个。截至2018年底,已完成82.5%的镇(街)文化站,70.4%村(居)综合文化服务中心的提升建设工作,达到《厦门市基本公共文化服务标准(2015—2020年)》要求。

有剧院、剧场、影剧院等场馆17座、音乐厅6座,演出场馆总建筑面积249355平方米,观众总座位数20744个,演出场馆数量居全省九地市之首,基本具备举办各类国际性重大艺术活动的条件。其中,新建成的闽南大戏院、嘉庚大剧院成为功能齐全、档次高的公共文化演艺设施。

有公共美术馆1家(与厦门市文化馆合署办公)、公共博物馆、纪念馆5家,民办博物馆7家,公共博物馆馆舍总建筑面积64102.11平方米。这些公共文化配套设施,为市民群众享受文化服务提供了良好的基础和保障。

(三)基层文化设施建设水平全面提升

基层综合性文化服务中心建设是厦门市构建现代公共文化服务体系的攻坚之战,是公共文化服务体系建设征途的“最后一公里”。近年来,厦门市持续将基层综合性文化服务中心提升建设工作列入公共文化服务体系示范区后续建设的重中之重,市区两级财政持续加大基层基础文化设施建设投入,实现全市公共文化服务的系统性、协同性和整体性。2017年1月,厦门市圆满完成文化部“国家基层综合性文化服务中心试点”建设工作,形成经验在全国推广,该试点全国仅有10个国家级试点名额。

厦门市基层综合性文化服务中心建设在示范区创建的时候打下了良好基础。早在2013年,厦门市就已在全省率先建成覆盖市、区、镇(街)、村(居)的四级公共文化服务网络;2016年厦门市制定出台《关于推进基层综合性文化服务中心建设的实施方案》,

明确提出基层文化服务中心5年(2016—2020年)的建设目标,分批组织达标验收,连续3年(2014—2016年)将"街道(社区)公共文化服务建设考评"("基层综合性文化服务中心建设考评")项目纳入年度区级政府绩效考核指标体系,考核结果直接与各级政府年度绩效挂钩,从而有效推动基层公共文化设施的提升。连续3年(2017—2019年)将该项目列入市委市政府为民办实事项目加以推进,并将评估成果作为各级政府绩效考核的评分依据。

截至2018年底,厦门市已完成4批基层综合性文化服务中心提升建设工作,完成了33个(82.5%)镇街综合文化站和343个(70.4%)村(居)综合文化服务中心的建设验收工作。全市基层综合性文化服务中心检查验收工作将于2020年全面完成。

面积达标是基层综合文化服务中心各项功能正常开展的保证。5年来,厦门市镇(街)文化站面积翻了一番,截至2018年底,厦门市镇(街)文化站建筑面积总和达到78346.2平方米,相比2013年底厦门市荣膺公共文化服务体系示范区时的37601.9平方米,增加40744.3平方米,提升了108.4%。为基层各项文体活动的开展提供了场所保障。

(四)全省最大单体图书馆试开馆

厦门市图书馆集美新馆建筑面积6万平方米,设计馆藏图书300万册,是目前福建省单体面积最大的公共图书馆。设有阅览座席3000个,有各主题阅读区、影音体验、多媒体互动、学习交流室等特色区域,可提供全方位、个性化、智能化的文化体验、培训展览等多元文化服务。

集美新馆建成并投入使用是厦门市各级政府和社会公众的共同期待,2018年9月中旬,市图书馆通过微信公众号和本地媒体开展宣传,受到社会各界广泛关注,当期微信阅读量超过12万,被《海西晨报》、《海峡导报》、《厦门日报》、《东南快报》、小鱼网、厦门快讯、天下集美、yes 厦门等多家微信公众号转载，大量读者在该信息下留言，连许多中介也纷纷在朋友圈转发集美新馆开馆信息。

2018 年 10 月 1 日，市图书馆集美新馆在人员编制不足的情况下，开拓进取，采取从市图书馆总馆调拨人手、购买社会力量服务等方式解决部分问题，实现开馆运营，广受读者热捧，一开馆即成为“网红图书馆”。10 月 1 日当天到馆人数 2.8 万人次，1—7 日新增办证 3649 个（其中“白鹭分”读者 872 个），比市总馆新增办证 332 个高出 999%；接待读者 108796 人，比市总馆接待读者 85420 人高出 27%；外借图书数量合计 58170 册，其中少儿类 38260 册，新馆少儿图书借阅量比市总馆高出 20%。

新馆打造了全国图书馆界从硬件至软件上规模上档次、服务高质量的标志性公共文化设施新品牌，充分展示了厦门市公共文化服务跨岛建设的新成果。

二、厦门市公共文化设施建设面临的问题

（一）大型公共文化设施建设待加强

厦门市公共文化设施的构成总体上已满足了市民的求知需求、社交需求等基本文化需求。但与国内先进城市相比，公共文化设施建设仍存在较为明显的薄弱环节和不足，缺乏满足市民审美需求和自我实现需求的高能级、高品质设施，以及能够容纳上万人活动的大型公共文体活动场馆设施，标志性重大和基础公共文化设施数量偏少。厦门市在美术馆、音乐厅和剧院等文化设施配套方面，特色不够明显，服务效益有待提升。

(二)各区公共文化设施发展不均衡,文化集群效应未体现

厦门市各区公共文化设施发展不均衡。目前,厦门市人均公共文化设施建筑面积仅为0.11平方米,虽然各区都积极打造区级文体中心,形成一定的文化设施集聚区,但部分区缺乏具有影响力的市区级文化设施集聚区。例如湖里区、海沧区、同安区与翔安区几乎没有市级标志性的文体设施,马銮湾新城、环东海域和翔安南部新城文化中心尚未建成;湖里区尚未形成较强的文化中心。

(三)各类公共文化设施岛内外分布不均匀

从设施布局上,市级公共文化设施50%以上分布在岛内地区,公共文化效应在岛内集聚发展,岛外公共文化设施面积比例相对薄弱。2018年,全市大中型公共文化设施提高到54个,岛内28家,市级设施都集中在思明区,湖里区几乎无大型公共文化设施。岛外26家,零散分布在各区,无法形成集聚效应。此外,岛外各区公共文化设施也在一定程度上存在布局不均衡现象,如海沧区现有大型公共文化设施集中分布在区域东部,东孚、新阳两个街道大型公共文化设施布局较少。

(四)基层公共文化设施建设有待进一步提升

虽然厦门市已形成市—区—镇(街)—村(居)四级文化设施体系结构,基层公共文化设施覆盖率已达到100%。但与国内先进城市相比,厦门市基层公共文化设施建设水平有待进一步提升。一是部分基层文化中心设施陈旧,功能单一;二是部分基层文化中心建设面积勉强达标,但部分功能室使用面积偏小;三是部分基层文化中心文化娱乐项目未能有效开展,文化服务功能无法完全满足群众需求,四是镇(街)、村(居)基层文化服务中心存在较大个体差异。

三、下一阶段重点任务

下一阶段，厦门市将继续努力，以完善公共文化设施建设、提升公共文化服务能力、弘扬优秀传统文化等措施手段，全面构建覆盖城乡、网络健全、结构合理、发展均衡、运行有效的现代公共文化服务体系。

（一）积极争取公共文化设施建设资金

积极向文旅部、省文旅厅、市财政局争取资金，加大对基层公共文化服务场馆建设、漆画双年展、双歌赛等品牌活动、非遗传承活动补助等经费的投入。

（二）推动大型基础公共文化中心建设

推动建成一批大型基础公共文化设施，构建城市文化新地标。缩小岛内外公共文化服务差距，在文化核心效应较薄弱的地方打造文化核心集群，推动马銮湾新城、环东海域和翔安南部新城文化中心建设。

（三）完善区级公共文化设施网络建设

结合区域人口现状，统筹规划区级基层公共文化设施数量、规模和布局，加快推进各区文化设施均衡分布。逐步构建以区级大型公共文化设施为核心、街道文化站为枢纽、村居文化活动室为基础的均衡网络布局。加快推进区级文化设施建设，例如，海沧区加快推进沧江会展中心、青礁开台文化公园多个公共文化设施建设。

(四)推进基层综合文化服务中心提升建设,建成“十分钟文化服务圈”

完善镇(街)、村(居)两级基层综合文化服务中心建设,打通公共文化服务“最后一公里”。到2025年全面完成厦门市基层综合文化服务中心提升达标建设,进一步提升建设规模和建设水平,推动新建成的社区建设设施完备的基层公共文化中心。通过扩展项目、错时服务、延长免费开放时间等方式,提升基层文化设施利用率。

(五)推进文化馆总分馆制建设

以湖里区、思明区两个区为试点,到2025年,全市基本形成以区级文化馆为总馆,街道文化馆(站)为分馆的总分馆体制,构建高效严谨的内部机构,建立统一的数字化信息服务平台,实现各级文化服务资源的共建共享,创新品牌活动运作机制,着力为公共文化服务提供更好文化产品。

执笔:叶女英

时间:2018年12月

公共文化

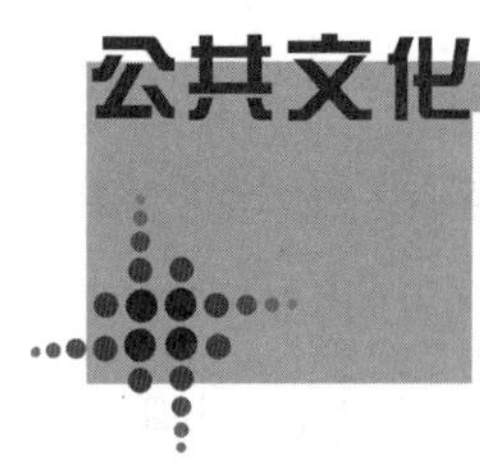

关于供给侧结构性改革背景下公共文化服务创新的调研报告

◎ 厦门市文化广电新闻出版局*

蓝皮书

为贯彻落实省委宣传部《2018年省重点课题“提升文化创新力、凝聚力、影响力研究”调研工作方案》(闽委宣〔2018〕53号)通知精神,做好“供给侧结构性改革背景下的文化创新发展路径研究”课题调研工作,市委宣传部会同市文广新局于7月12日召集市文化馆、图书馆及各区、镇(街)相关文化工作人员召开了座谈会,听取基层工作者对厦门公共文化服务的意见建议,并结合厦门市2016—2017年基层公共文化服务的实地调研及基层综合性文化服务中心检查验收情况,形成调研报告。

一、厦门市公共文化服务供给创新改革基本情况

(一)公共文化服务网络大格局不断完善

厦门市将文化设施建设与跨岛发展、城乡统筹战略同步规划、

* 厦门市文化广电新闻出版局现改名为厦门市文化和旅游局。

同步推进，2013 年，厦门市荣膺首批国家公共文化服务体系示范区。2014 年 9 月，厦门市被文化部公布为“国家公共文化服务标准化试点”和“国家基层综合性文化服务中心试点”两项国家级试点，并于 2017 年 1 月通过文化部验收。公共文化基础设施网络不断完善，为美丽厦门建设提供了坚实的文化“硬支撑”。

1. 大型文化设施布局趋于平衡。近年来，市区两级财政为公共文化基础设施累计投入 31.9 亿元。目前，全市大中型公共文化设施提高到 54 个，占全市总人口 52%的岛内，拥有 28 家公共文化设施，占比 52.8%；占全市总人口 48%的岛外 4 个区，拥有 26 家公共文化设施，占比 47.2%，岛内外公共文化设施布局趋向均衡。

2. 公共文化场馆建设全面达标。截至 2017 年底，厦门全市有公共图书馆 10 个(9 个国家一级馆)，已形成了共 218 个联网服务点的区域性图书馆联合服务网络。有公共文化馆 7 个(均为国家一级馆)、镇(街)综合文化站 40 个、村(居)文化室(中心)487 个，基层文化站(中心)覆盖率达 100%。有剧院、剧场、影剧院等场馆 17 座、音乐厅 6 座，演出场馆总建筑面积 249355 平方米，观众总座位数 20744 个，演出场馆数量居全省九地市之首。这些公共文化配套设施，为市民群众享受文化服务提供了良好的基础和保障。

(二)公共文化供给配送方式不断优化

1. 创新文化供给手段，深入开展“文化惠民点单式服务”工程。2016 年 6 月，厦门市文广新局和市卫计委联合组织了“群星风采走进卫生计生系统”文化艺术活动，采取“点单式”送服务的方式，把公共文化服务的选择权和评价权交给了群众。之后，厦门市还继续采取“点单式”送服务的方式，持续开展“非物质文化遗产展演”“美术大篷车美术展览”等文化服务专项活动，将戏台、舞台、电影银幕搭到社区广场、部队军营、偏远山村、福利院、养老院乃至监狱，最大限度地满足社区农村等基层群众的需求，赢得各界赞赏。

2. 依托举手机制、社会参与机制，丰富文化供给内涵，群众参与文化的热情日益高涨。一方面，策划设计的一批以群众需求为导向的群众文化项目品牌深入民心。其中，“温馨厦门”广场文艺活动“足迹”遍及全市各个角落，辐射带动了全市近百个社区的周末广场活动，并衍生出“魅力思明”周末广场文化活动、“幸福湖里广场秀”活动、“激情海沧”广场文化活动等群众文化活动品牌。还有企业文化艺术节、老年文化艺术节、社区文化艺术节、农民文化艺术节等系列活动，均成为群众文化成果集中展示、全民共享的平台，极大地提高了普通百姓和弱势群体在文化方面的消费能力和享受机会。

另一方面，满足不同受众需求，积极引进高雅艺术，推进厦门高端演出市场繁荣发展。闽南大戏院、嘉庚剧院建成以来，分别引入“中演院线”“保利院线”运营管理，顶级交响乐、音乐会、各种类别的高雅舞剧、时尚话剧、明星演唱会等精彩汇聚一堂。

3. 完善文化供给结构，社会力量办文化蔚然成风。近年来，厦门市不断鼓励扶持社会力量参与文化建设。厦门爱乐乐团、厦门青年民族乐团、奥林匹克博物馆、宏泰艺术中心、篔筜书院、中华儿女美术馆以及古龙酱文化园等民办文化机构成为公共文化服务的重要补充，提供了社会化、多样化的文化供给，极大丰富了各阶层群众的文化体验。

（三）创新基层文化供给模式

1. 推进纵向的公共年文化活动产品差异互补、资源双向流动。推进城市下乡“种文化”和农村进城“送文化”的双向交流模式。在下乡“种文化”方面，市、区文化馆常年下基层指导基层文化服务中心开展工作，并在基层培养一批业余文艺团队。全市

92.3%以上的镇(街)都开展各具特色的活动,特色活动项目达55项,形成品牌的项目有45项。在进城“送文化”方面,厦门市建有42个广场群众文化活动示范点,为基层文艺团队搭建展示平台。如“美丽厦门 共同缔造”2014全民广场舞大赛,吸引了基层100余支队伍、2000多名选手参加比赛。

2. 以闽南文化的传承为抓手,把特色文化活动推送到基层社区、农村。我们依托地方特色文化,提供更接地气、更受欢迎的公共文化服务。举办海峡两岸闽南文化进社区研习营、闽南语原创歌曲歌手大赛、莲花褒歌比赛和南音唱腔比赛。开展闽南文化进社区、进校园活动。又如以非物质文化遗产代表性项目的保护单位、传习中心及代表性传承人、文化志愿者为主组建的厦门市非物质文化遗产展演团,常年开展闽南特色文化进学校、社区、农村等专题活动,打造“闽南文化走透透”宣传活动品牌。

(四)创新基层文化中心管理体制和运行机制

2014年9月厦门市被文化部公布为“国家基层综合性文化服务中心试点地区”,以此为抓手,我市大胆创新,采取“以文化活动室为基础,多部门协同建设、基层统一管理”的原则,基层文化活动丰富多彩,基层文化资源整合初步形成。2017年,该试点顺利通过文化部验收。

1.创新社区文化治理新模式。一方面,挖掘社区内和各种资源来推进综合文化服务中心。如湖里区禾山街道文化站通过举办“最美社区文化室”的评选活动,调动所属各个社区的积极性,想方设法推进文化服务中心建设。他们创新了“1带N”的文化服务中心建设模式,即每个社区综合文化服务中心利用本社区内的小区公共场所建起若干活动点,利用小区内的文化志愿者进行管理,从而把公共文化服务送到相对封闭的社区中。另一方面,各区充分结合各部门的活动资源,制定相关鼓励措施和办法,扶持基层文化发展。例如,集美区制定出台了《集美区“以奖代补”文化类项目考核奖励办法》;湖里区禾山街道运用“以奖代补”资金购买公共文化服务项目。

2.创新志愿者“自我服务、自我管理”的模式。例如湖里区创新了志愿者“自我服务、自我管理”的基层文化服务中心管理模式。即文化专干为核心,组织志愿者队伍,承担文化中心内的工作。这种模式目前已在湖里区各街道、社区文化服务中心实施,并向全市基层综合文化服务中心推广。

3.创新社会组织管理的模式。即采用社会化的模式实行专业化的管理,通过政府采购招标的形式,将整个中心或单个项目委托专业社会主体管理。2016 年 10 月厦门市出台《厦门市关于政府向社会力量购买公共文化服务实施办法》,推动公共文化服务社会化发展,丰富公共文化服务供给。目前,已有 3 个镇(街)通过招标方式将某些活动项目委托专业社会主体管理,另有 11 个镇(街)、采用全委托管理的模式,把文化站的图书室交由市、区公共图书馆进行管理,则是一种事业单位专业化管理的模式创新。

二、厦门市公共文化服务供给存在的主要问题

供给侧结构性改革背景下,厦门市公共文化服务供给模式的创新做法虽然取得了良好的成效,但也存在一些问题和瓶颈,主要有:

(一)公共文化服务保障机制有待完善

由于长期以来文化建设经费基数低,财政投入的增长与文化发展的需求之间仍有不小差距,投入总量仍然偏小,投入机制尚需完善。一是人均公共文化经费不平衡,城区人口密集地区,投入经

费的绝对值看似高，但摊到每个居民，则显得较低；岛外人口较稀少的地区，人均经费看似高，但总量又往往达不到需求。二是经费投入未建立完善的预算制度，许多活动建设资金未纳入政府常规性财政预算，仍采取“一事一议”的方式拨付资金，往往因临时计划而无法得到切实保障，导致活动无法开展。三是公共文化专项经费主要用于公共设施建设初期，基层公共文化服务设施建设后续维护费用缺乏常规性投入，公共文化产品生产、人才的培养等经常性的投入较少。四是基层人才队伍培养与激励机制亟待完善。

（二）公共文化均等化程度有待提升

公共文化服务的区域差距仍然较大，岛内外差距还存在。特别是岛外地区还有空白点，各镇（街）、村（居）文化站（室）的建设规模不等，起到的效益存在较大差异，与公共文化服务发展的需求不相适应。

（三）公共文化服务的社会化运行机制尚未完善

随着群众对公共文化需求的日益高涨，服务规模急需不断扩大，仅靠现有的基层文化服务队伍已经无法满足需求。我市目前鼓励和引导社会力量参与公共文化服务的政策虽有出台，但体系仍不够完善，关键性的文化经济政策可操作性不强，有些得不到有效落实。引进的社会化项目规模还不够大、总量还偏少。能提供公共文化服务的各类社会组织还不够健全，队伍较弱，难以担当起大任。

（四）基层文化队伍发展不平衡

厦门市公共文化机构专职人员数量不足、队伍不稳定、服务水平参差不齐的问题比较突出。各区基层文化队伍由于管理机制和待遇不统一，发展不平衡，一定程度上影响服务工作。一是编内与编外人员同工不同酬，造成心理有落差。二是选聘主体不统一，导致待遇不统一，有的由镇(街)选聘、区文体局统一审批聘用，有的则自行聘用。三是用工方式不统一，有的采用专职方式，纳入劳务派遣人员管理；有的采用兼职方式，由社区工作人员兼任。四是各区队文化协管员的财政补贴不统一，有的区按厦门非在编人员待遇，工资、社保等有保障；有的区只有300～400元兼职津贴。用工方式与待遇的差别，使部分人员工作积极性差，造成管理效率低下，工作人员流动性强。五是文化协管员难以做到专职专干，特别是在网格化管理背景下，部分基层文化工作人员被迫身兼多职，专业人才更是缺乏，无法保障综合文化站的运行效益。

(五)基层公共文化服务效能有待增强

厦门市基层公共文化产品种类数量少、质量不高的问题仍然存在，部分基层文化活动中心活力不足、效率不高，不少地方存在“重设施建设，轻管理使用”的问题，一些公共文化设施闲置，公共资源没有实现最大社会效益。主要表现在：一是由于人员配备不足开放时间不够，未能按照公示的开放时间进行开放。二是由于后续维护资金难以落实，导致许多文化站设施设备利用率不足。图书音像更新不频繁；电脑、健身设施设备“放着不用”“不敢用”，甚至“被挪用”等情况普遍存在。三是文化站选址不当导致未能满足基层群众需求。部分文化站选址在镇(街)政府大楼、村部内，导致普通群众利用存在心理障碍，不便于居民群众自由利用。四是活动开展不足。部分文化站未能按要求组织开展各类活动，广场舞等活动开展得较多，读书活动、农家书屋活动等开展极少。五是供需未能完好对接。有些文化站不够重视群众需求调研制度，致使服务脱离群众需求，供给效果不能让人满意。六是宣传不够，基层文化活动室利用率低。文化站未能做好宣传工作，导致部分群众不知道文化站在哪里，提供什么服务。

三、推进公共文化服务供给侧改革创新发展的建议

（一）加强重视，考核推进。统一思想，形成共识，各级政府加强重视，充分发挥厦门市公共文化服务体系建设协调领导小组的作用，强化行政保障，加强组织领导，健全协调机制，完善考核体系，理顺管理体制，明确权责边界，强调部门协同，确保公共文化服务体系建设目标层层落实，合力推动公共文化服务供给侧改革，不断满足市民群众日益增长的多元文化需求和各类文化诉求。

（二）加强培训管理，强化人才保障。大力培育和引进文化领军人才，强化激励和约束机制，充分调动文化人才的积极性。加强镇（街）、村（居）人员队伍建设，配备好专职文化干部，切实做到定编定岗定位，真正做到机构落实，人员落实，待遇落实。此外，可有效聘请离退休文艺骨干、民间文艺人才等为兼职人员，多层次丰富基层公共文化活动。

加强文化人员的培训管理，提升基层、农村文化队伍总体素质。建立长效的文化干部培训机制，依托市、区文、图、博等文化机构，建立基层文化干部和专业人才的培训基地。通过定期组织基层人员到文化团体系统学习，或邀请文艺工作者、专家学者深入基层，举办短期培训或现场指导，有效提高基层文化人员的思想素质、业务技能。

（三）完善财政投入制度，强化资金保障。进一步加大财政投入力度，将公共文化服务纳入政府常规性预算，用好财政资金。逐步提高公共文化支出在公共财政支出中的比重，确保基层活动经费稳定增长；从直接拨款向项目投资、购买公共文化服务方面转变；积极拓展资金渠道，健全公共文化服务资金投入机制，形成“政府主导、社会参与、市场运作、基层受益”的发展格局，鼓励支持引

导社会各界参与公共文化事业。

（四）优化供给结构，加强供需对接。推进供给侧改革，完善结构，加强供给，坚持面向基层、面向群众的原则，丰富大众文化和高端文化供给，逐步提升公共文化传播能力，不断增强人民群众的文化获得感；加快公共文化设施建设，升级改造现有硬件设施，重点建设基层综合性文化服务中心、农村文化基础设施，逐步实现公共文化服务均等化。引导文化资源向城乡基层倾斜，加强文化进基层和文化扶贫工作力度，保障好弱势群体的基本公共文化权益。

（五）健全社会力量提供文化服务机制。健全政府购买公共文化服务的运行机制。进一步明确购买服务的程序、标准、结果评价，提升公共文化事业活力，提高公共文化服务效能。充分发挥社会力量的作用，提供制度平台和空间，引入市场机制，实现公共文化资源配送由“政府包办”向“择优购买”转变，有针对性地提供群众喜闻乐见的公共文化服务。扩展社会力量服务内容，拓宽人民群众的参与途径，大力发展群众性文化活动，让人民群众真正成为完善公共文化体系的主体。

（六）提升管理水平，强化品牌建设。抓好服务与管理效能创新模式，管好用好现有公共文化设施，优化整合现有公共资源，进一步拓展服务外延，丰富服务内涵，创新服务机制，实现公共文化共建共享。强化特色文化品牌，以基层文化队伍为依托，以基层文化站（室）为根据地，抓好基层文化活动品牌建设，促进公共文化服务供需有效对接，推动厦门公共文化服务体系建设可持续发展。

执笔：叶女英

时间：2018年7月

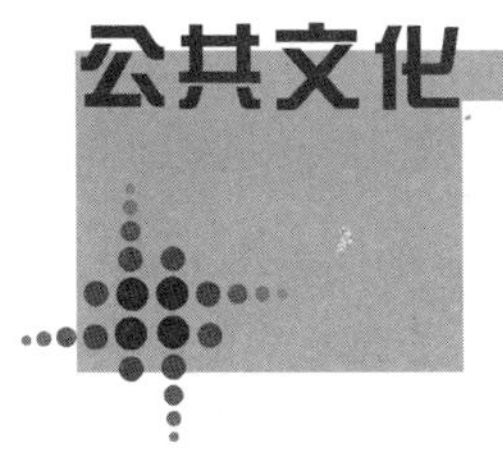

推动全民艺术普及，提升群众文化获得感

——厦门市文化馆开展系列文化惠民活动综述

◎ 厦门市文化馆

为深入学习贯彻习近平新时代中国特色社会主义思想和党的十九大精神，营造隆重庆祝改革开放 40 周年的氛围，市文化馆以“全民艺术普及”为宗旨，以庆祝改革开放 40 周年为契机，通过系列文化举措，提升公共文化服务质效，社会效益显著。

一、大力推进文化惠民活动，增强群众幸福感

一是紧抓重要节点，突出文化服务主题性。举办“唱响中国梦 讴歌新时代”2019 厦门“海之韵”新年合唱音乐会等 10 余场大型文艺专场演出，组织“纪念改革开放 40 周年——鹭岛巾帼情”书画摄影作品展等 25 场艺术展览，让市民充分感受厦门改革开放 40 年的生动实践和辉煌成就，增强推进高素质高颜值现代化国际化城市建设的信心与决心。二是创新供给手段，提升文化服务精准性。把公共文化服务的选择权和评价权交给群众，采取“点单式”送服务的方式，将“非物质文化遗产展演”“青年民族音乐会”“群星艺术团表演”“美术大篷车美术展览”等文化服务项目办到社区、农

村、敬老院和外来务工人员群体之中，最大限度地满足基层群众的需求，让基层群众真心觉得“特别暖”，赢得各界赞赏。三是推进志愿服务，确保文化服务公平性。组织开展关爱重点群体文化志愿服务活动，常年组织文化志愿者为空巢老人、留守儿童、农民工和残疾人等重点群体开展内容丰富、形式多样的文化志愿服务，并将戏台、舞台搭到社区广场、部队军营、偏远山村、福利院、养老院乃至监狱，使得弱势群体及特殊人群享有基本公共文化服务的权益得到更好保障。四是打造特色服务，扩大文化服务延展性。以“温馨厦门”广场文艺活动为代表的一批接地气、合时宜的特色群众文化项目深入民心，特别是近年来结合本市社区文化建设实际，融合社区书院、家长学校、未成年人活动室、青少年科技工作室等特色文化服务内容，做优做精公共文化服务“自选动作”，不断拓展延伸公共文化服务的受众面，让公共文化的阳光普照到每一个人。

二、创新开展品牌文化活动，提升群众满意度

一是余音绕梁——非遗南音比赛圆满落幕。厦门南音比赛历经二十载光阴，成效凸显。2018 年的南音比赛，来自厦门、泉州、晋江、石狮的 134 个节目、超千名选手参加，并首次迎来尼泊尔、斯里兰卡等外籍人士组成的队伍参赛，盛况空前，充分展示了南音作为“世遗”人人共享的独特魅力，不断提升活动的参与面和品牌度。

二是视听盛宴——工笔画双年展隆重开幕。近日，“2018 厦门全国工笔画双年展开幕式暨《红楼梦组曲》音画交响民族音乐会”创新开场，工笔画的线条和色彩、民乐的节奏和旋律，让观众既有视觉上的享受，又有听觉上的共鸣，演绎了一场别具一格、音乐与美术交相辉映的视听盛宴。

三是移动舞台——广场舞大赛激情启动。举办“音乐厦门·

舞动新时代”——庆祝改革开放 40 周年广场舞比赛,借助新媒体和传统媒体,进行现场视频直播和图片直播,让市民群众在家实时观看、随时下载。截至 12 月 16 日,线上线下直播平台累计观看人数突破 25 万。四是记录美好——“文化闽南”微视频、摄影大赛火热进行。举办“文化闽南”微视频、摄影作品大赛,聚焦“文化共享美好生活”主题,面向社会征集由群众自编自导自演、自主拍摄制作的微视频、微纪录片和摄影作品,集中展现改革开放 40 周年、特区建设 38 周年的辉煌成果。目前,已收到微视频、微纪录片作品 150 件,摄影作品 1000 件。

三、深入推进文化科技融合,拓宽群众参与面

一是创新文化展示平台。采用多种高新技术手段提升管理能力和质效,市文化馆强力打造链接区文化馆和镇(街)文化站的群众文化活动远程指导网络,形成实体与数字化相结合的群众文化协作共享平台,目前该平台已有远程辅导视频资源 704 个、1.05TB,总访问量近 300 万人次,网上报名系统实名注册用户数近 2.5 万个。

二是提供新型文化服务。开通官方微博“厦门文化馆·厦门美术馆”和微信公众平台、微网页等新媒体平台,将阵地、活动、演出、培训、教学等公共文化服务内容移植到互联网,为市民群众提供了一个更广泛、更便利、更有效的新型文化生活方式和公共文化服务新体验。

三是推进线下线上融合。借助传统媒体和新媒体,推进各类文化资源线上线下融合发展,极大拓展受众面。例如,2018 年的南音比赛将决赛和颁奖典礼搬上厦门卫视《斗阵来看戏》栏目及“厦门数字文化馆联合网”“看厦门 APP”进行在线同步直播,网络

点击量达45.93万次，抖音宣传播放量3.2万人次，转发3万人次，参与投票1.2万人次，点评点赞上千人次，影响力迅速扩大。

执笔：庄红纬　林　欣

时间：2018年12月

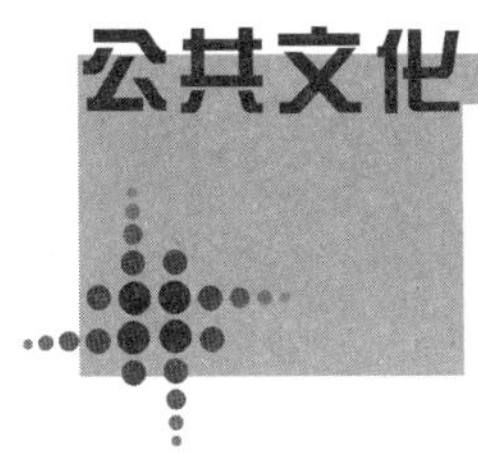

公共文化

唱响新征程·放歌新时代

——音乐厦门2017年回顾

◎ 厦门市委宣传部文艺处

1月31日晚"唱响新征程·放歌新时代"——2017音乐厦门优秀原创作品暨优秀歌手颁奖晚会在小白鹭金荣剧场举行。

习近平总书记强调:社会主义文艺是人民的文艺,必须坚持以人民为中心的创作导向,在深入生活、扎根人民中进行无愧于时代的文艺创造。音乐厦门始终贯彻习近平总书记的文艺思想,自2015年1月17日成立以来,作为中共厦门市委宣传部倾力打造的重点文化品牌,音乐厦门始终秉持融合、共享、创新的发展理念,通过更多有筋骨、有道德、有温度的文艺作品,书写和记录人民的伟大实践、时代的进步要求,彰显信仰之美、崇高之美,弘扬中国精神、凝聚中国力量,品牌影响力日益壮大,逐渐成为构建大宣传格局、服务全市中心工作的重要载体、成为提升城市文化品位、扩大城市影响力的有力抓手。依托这个平台,厦门紧跟时势,用文艺的形式唱响十九大精神,使习近平新时代中国特色社会主义思想更加深入人心,并坚持用音乐向世人宣传厦门这座"高素质的创新创业之城"和"高颜值的生态花园之城"。

三年多时间,音乐厦门持续打造城市之歌全国原创作品征集活动,汇集了约6000人次、3600多首关于厦门的原创音乐作品,也培育了一批本土音乐人才。2017年,征歌活动吸引到全国2000多人次,1500多首作品参与其中。一年来,先后有40首曲目获得

蓝皮书

季度优秀歌曲称号。经过优中选优，年度十佳歌曲名单正式揭晓，它们或歌唱自然风光，或歌唱人文风情。2017 音乐厦门——城市之歌全国原创作品征集活动还特设年度“主题原创作品特别奖”，以表彰为“厦门会晤”创作的优秀作品，共有 4 首歌曲获此殊荣。

2017 年，“音乐厦门”在原来基础上推陈出新，从无到有，搭建了许多市民期待的音乐平台。过去一年，音乐厦门指导、主办了 2016 年度“音乐厦门”城市之歌全国原创音乐作品颁奖盛典暨“国贸杯”首届十佳歌手选拔赛（总决赛）、2017 音乐厦门——“青春号召令”首届两岸青年原创乐队交流展演。举办“音乐厦门”——2017 少儿原创歌曲征集活动及首届少儿歌手赛，共征集到 500 余首原创少儿歌曲，1000 余名小歌手报名参赛，共评选出十佳作品及 20 首优秀作品，推出《2017 少儿原创歌曲集》，举办“我们是共产主义接班人”2017 音乐厦门——少儿优秀歌曲、歌手颁奖活动。助力第六届网络文化节，甄选优秀原创歌曲在各大网络平台展播。举办“音乐厦门 乐汇盘基”大型主题活动、2017 厦门国际乐器展音乐厦门嘉年华。举办 2017“音乐厦门·鼓浪潮音”乐队大赛暨首届鼓浪屿沙滩音乐节，吸引来自全国各地 40 多支乐队参赛，反响热烈。助力厦门会晤，举办音乐厦门·唱响金砖演唱会、“音乐厦门·为金砖喝彩”李炜铃助力厦门会晤音乐会、开展城市主题歌曲征集和展演，让全世界听见厦门的声音。推出《音乐厦门》月刊，每月一期四版，及时传递厦门文艺界动态、宣传厦门本土音乐人、推广厦门原创优秀歌曲。举办 2017 音乐厦门——“房米网杯”十佳歌手大赛，发动社会各界共同参与打造音乐厦门，200 余名歌手踊跃报名参赛，评选出十佳歌手及冠亚季军，有力推广了厦门优秀原创歌曲，培育厦门音乐人才。音乐厦门进一步拓展文化内涵，丰富文化内容，使活动更具特色、更具吸引力。

“音乐厦门”作为厦门文艺事业的中坚力量，将在党的十九大精神的鼓舞下，高扬习近平新时代中国特色社会主义思想的旗帜，继续深入生活、扎根人民，努力创作生产更多集思想性、艺术性、观赏性有机统一的优秀作品。

让音乐乘着白鹭的翅膀，向世界展示魅力厦门的崭新形象和特区建设发展的伟大成就，为建设“五大发展”示范市注入强大精神动力！

时间：2018 年 2 月

Wenhua Huizhan

金鸡飞临，厦门影视产业启新篇

◎ 厦门市文发办　厦门市委宣传部外宣处

11 月 10 日上午，厦门市人民政府与中国电影家协会签约，厦门市正式成为第 28 届中国金鸡百花电影节暨第 32 届中国电影金鸡奖终评和颁奖典礼的举办地（中国金鸡百花电影节每年举办一届，其中单数年颁发金鸡奖，双数年颁发百花奖）。当晚，在佛山举行的第 27 届中国金鸡百花电影节闭幕式上，厦门从佛山手中接过金鸡百花电影节节旗，完成了庄重的交接仪式。

独特优势终获青睐

中国电影金鸡奖创办于 1981 年，由中国文联和中国电影家协会联合主办，是中国大陆电影界最权威、最专业的电影奖，在过去三十多年间凭借其专业性影响着中国电影的发展。金鸡奖与华表奖、百花奖并称中国电影三大奖；与香港电影金像奖、台湾电影金马奖并称华语三大电影奖。目前每届金鸡奖均于当年的中国金鸡百花电影节期间颁发。

如此权威和专业的电影奖为何会青睐厦门呢？中国电影家协会党组书记张宏在出席第 28 届中国金鸡百花电影节签约仪式暨

新闻发布会时指出，电影节选择厦门是因为它有着良好的经济、社会和文化基础；是因为它对电影文化有着热切的渴盼，近年来厦门多措并举推动影视产业发展，厦门的电影市场仍处在高速增长期；选择厦门是基于对我国华东地区电影发展的关注，在厦门举办电影节，势必能够推动福建省电影产业的大发展，推动华东地区电影行业的大繁荣，以及两岸电影的合作与交流。

除了良好的经济、社会和文化基础外，厦门举办金鸡百花电影节还具有独特的比较优势。一是对台对外区位优势。通过充分发挥厦门对台前沿平台和“海丝”战略支点城市的作用，将大力增进两岸的电影合作，吸引台湾电影人才来厦发展，增强中国电影对东南亚等国家和地区的影响力，促进与“海丝”沿线国家和地区之间的电影文化交流，更好地服务两岸关系和平发展和“一带一路”倡议。二是自然人文环境优势。习总书记盛赞厦门是“一座高颜值的生态花园之城，人与自然和谐共生”。厦门市是国内公认的“天然摄影棚”和一流的摄影地，据不完全统计，2015 年至 2017 年在厦门取景和拍摄的电影超过 200 部。厦门可谓是举办电影节和颁奖典礼的理想之地。三是关联产业发展优势。习总书记盛赞厦门是“一座高素质的创新创业之城，新兴产业所占比重在 60% 以上”。作为新兴产业的文化创意产业在我市快速发展，过去 5 年的年均增幅达 15%，占 GDP 的比重超过 8%。同时，厦门市的电影产业也正呈现集群化发展态势。厦门市具有成熟的配套产业支撑和完善的产业园区布局，集美集电影产业园区是省重点文化产业园区，已集聚了 240 余家电影企业。

成功的背后是努力的付出

第 28 届中国金鸡百花电影节暨第 32 届中国电影金鸡奖终评

和颁奖典礼正式落户厦门,除了厦门良好的经济、社会、文化基础以及独特的区位优势、环境优势和产业优势外,还离不开有关部门和领导的关心与支持,离不开各部门的努力付出。

一是密切沟通。一年多来,厦门各级各部门与中国电影家协会保持密切联系,及时跟踪金鸡奖评选工作进展动态,市领导多次赴京拜访中宣部、中国文联和中国电影家协会等单位,交流汇报申办金鸡奖筹备情况,并邀请有关领导和专家来厦指导金鸡奖的申报工作及探讨推动厦门电影产业发展的思路和举措。2018 年 6 月 15 日,市长庄稼汉亲自带队拜访中央和国家部委有关领导,得到积极回应。市委常委、宣传部部长叶重耕也带队赴京拜访有关领导,汇报厦门争取举办电影节的意愿,得到鼓励。二是准备充分。厦门专门成立申报工作小组,市文发办承担工作小组办公室的职责。自 2017 年 7 月起,根据要求,市文发办、市规划委、思明区、厦门广电集团等单位分工合作开始准备工作,在 2017 年底完成申报函、汇报 PPT、申报短片等申报材料。厦门先后 11 次召开工作小组会议和申报专题会议,按照申报要求协调相关事宜。三是完善提升。为使最终的申报报告更具专业性,决定采用购买服务的方式,委托专业机构完善提升申报材料。申报工作小组先后多次召开会议对相关材料进行再修订、再完善。

立体宣传全面展示厦门魅力

根据第 27 届金鸡百花电影节组委会的安排,作为下一届举办城市,厦门市代表团前往佛山开展推介。厦门整合多方传播资源,推动城市形象立体传播,为即将在厦门举办的电影节营造良好的舆论氛围,同时展示了厦门独具特色的城市魅力。

一方面,渗透式营造现场氛围,全方位展示城市形象。在“美

丽厦门 金鸡唱响——厦门之夜”推介会上，厦门元素充分展现。琳琅满目的电影海报以光影的形式展示了在厦门创作的，或拍摄地在厦门的，或部分主创人员来自厦门的电影。台上，厦门爱乐乐团奏响弦乐四重奏《鼓浪屿之波》，台湾音乐人杨慕唱起红遍街头巷尾的《厦门亲像一首歌》，网红“厦门六中合唱团”带来刷爆朋友圈的闽南童谣《鱼歌》。大屏幕上，厦门城市宣传片《We are 厦门》与《鼓浪屿申遗片》滚动播放，音画结合将厦门元素展现得淋漓尽致。来自中央电视台、《中国青年报》、大众电影、环球银幕等国家级媒体，以及《福建日报》、福建电视台、《佛山日报》、佛山电视台、《厦门日报》、厦门电视台等，共40余家媒体近60名记者参加了签约仪式暨新闻发布会，通过借助该平台展示了厦门城市魅力和厦门影视产业蓬勃发展的现状，取得显著的宣传效果。为全方位展示厦门城市形象，精心挑选多项外宣品，包括宣传画册《印象厦门》和《诗画厦门》、宣传短片《we are 厦门》、明信片《鼓浪听涛》、纪念U盘“鼓浪洞天”，以及鼓浪屿地图丝巾伴手礼等，立体展现了厦门得天独厚的自然环境和东西交融的城市气质，在推介会和新闻发布会现场分发，引起大家广泛关注和浓厚兴趣。

另一方面，融媒体报道互联共通，全景式宣传成效凸显。市属传统媒体在头版等重要版面和主要新闻栏目中刊播相关专题报道，如厦门广电集团精心策划了系列报道“电影与厦门的流金岁月”；电视新闻评论栏目《TV透》和《十分关注》深度分析厦门影视产业未来发展机遇；《厦门晚报》充分发挥晚报文化特色，挖掘厦门与金鸡奖渊源，解读厦门具备举办全国性电影节和电影颁奖典礼的综合条件和比较优势。《厦门日报》微信平台连续两日推出相关专题，播报金鸡奖落户厦门这一重磅喜讯，版面上附加了融媒体报道产品的二维码，引导读者扫描阅读微信推文，充分实现线上线下联动。《厦门日报》微博、《厦门晚报》微博、厦门广电网、“看厦门”APP也第一时间集纳相关报道，通过新媒体开展二次传播，拓展影响面。厦门广电启动了“第 27 届金鸡百花电影节厦门之夜”“第 28 届金鸡百花电影节举办城市新闻发布会”和“第 27 届金鸡百花电影节暨第 34 届百花奖颁奖典礼”三场网络直播，其中首场直播在央视新闻移动网点击率近 3 万人次，在当天全国各地同类型直播中位居前列。同时，网络直播素材经过二次加工，还成为官方微信公号和微博账号的推文，实现一采多发、共享互通。11 月 9 日，新华社刊发通讯《厦门将举办第 28 届中国金鸡百花电影节》。相关消息一经发布受到网上舆论广泛关注，人民网、新华网、央视网、央广网、新浪网、凤凰网、东南网、中国电影网、《厦门日报》、厦门网、厦门广电网等 80 余家境内外媒体转载相关报道 250 余篇次；“福建新闻网”“厦门头条”“影像厦门”“厦门微视”等 100 多个微信公众号以及今日头条、百度新闻、网易新闻、新浪新闻、凤凰新闻等 10 余个移动客户端，腾讯视频、优酷视频、爱奇艺视频等视频网站，累计转载近 200 篇次。网民在新浪微博、论坛、微信公众号、新闻跟帖等互动环节发表相关议论，累计跟帖、转发超 2000 条，点击阅读数超 30 万人次。

推动厦门文化产业再启新篇章

下一步，厦门将以举办电影节为契机，大力推动厦门文化产业尤其是影视产业高质量发展。一是以奖带产、以奖兴产。将办好电影节和全力扶持厦门影视产业发展紧密结合，通过影视产业的快速发展进一步夯实颁奖办节基础，形成相互促进、共同发展的良好局面。二是加快推动影视产业基础设施建设。厦门在业界有着“天然摄影棚”的美誉，但一直以来由于缺少专业摄影棚等基础设施及后期制作条件，剧组取完景后就离开厦门，未能带来更大的电影产值。因此，规划建设必要的影视产业基础设施已极为迫切。

三是建设全市一体化的影视协拍机制。厦门拟研究制定影视协助拍摄管理办法，规范影视协拍专业服务和电影剧组到医院、学校、派出所、码头、机场、景区等特定单位和场所进行拍摄活动，营造良好的影视发展环境。四是出台影视产业发展专项扶持政策。在影视产业的一些关键环节和重点领域加强政策扶持，吸引更多的有国际影响力的电影节展及影视版权交易活动在厦门聚集发展，力争把厦门打造成全国影视产业发展新高地，推动文化产业高质量发展。

2018年11月

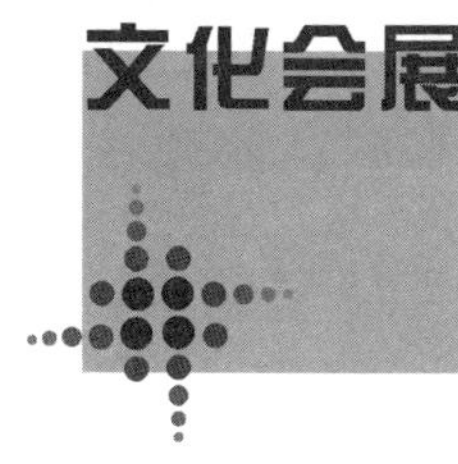

打造“三效合一”的文化产业新平台
——第十一届海峡两岸(厦门)文博会综述

◎ 海峡两岸(厦门)文博会筹备办

11月2日至5日,由中共中央台办、文化和旅游部、国家广播电视总局、福建省人民政府主办,厦门市人民政府、台湾亚太文化创意产业协会承办的第十一届海峡两岸(厦门)文化产业博览交易会(以下简称“文博会”)在厦门国际会展中心顺利举办。本届文博会秉承“一脉传承,创意未来”主题,聚焦两岸文化产业专业领域,突出新时代历史使命、突出对台特色、突出产业交易和对接、突出成果实效,进一步突显平台的政治效益、社会效益和经济效益。

本届文博会呈现以下几大亮点:

一、海峡特色鲜明,关注青年群体

本届文博会台湾地区参展企业424家,展位数926个,占比近1/3,是目前大陆台湾展商数量最多、覆盖面最广的综合性文化展会。除汇聚最具代表性的台湾文创企业参展外,本届文博会更加关注青年群体,积极推动两岸高校互动,以台湾艺术大学为代表的五大台湾高校与厦门大学等大陆40多所高校共创高水准创意作品，相继举办海峡两岸大学生文化创意论坛、海峡两岸创意设计与产业对接会、海峡两岸文创移动课堂等活动，成为本届文博会一大亮点。

二、平台作用凸显，参展范围拓展

本届文博会展览面积达73000平方米，共设11个展厅，展位数3440个，其中福建省展位数1457个（含厦门市572个展位）、兄弟省市展位数437个、港澳地区展位数31个、一带一路沿线国家15个国家参展展位数84个。主会场重点打造"省、市与文化名企强企""工艺艺术品""创意设计""数字内容与影视""文创旅游"五大板块，全面展示工艺美术、创意设计、文化科技、影视动漫、文创旅游等文化产业领域的最新发展和最新成果，进一步强化两岸文化产业合作对接平台作用。

三、活动交流精彩，多元融合发展

本届文博会共设论坛、对接会、评奖等35个主项、142个专项活动，形式新颖，内容丰富。首次推出文博大讲堂系列活动和文旅IP交流大会，内容涵盖工艺美术、创意设计、文旅投资等十多个领域；文化和旅游部第十一期精品项目交流对接会为文化企业提供了国家级的交流互动平台，厦门老院子景区等8个项目进行了现场路演，丰富多元的展会活动吸引了各省、市文化名企强企、金融和投资机构、高等院校、知名媒体、行业主管部门、互联网企业等各类机构参与，有力促进文化与科技、金融、旅游等融合发展。

四、展览实效斐然，收获各界好评

本届文博会注重专业性和实效性，通过各种渠道邀请了 1.1 万专业客商莅临展会，现场文创产品成交火爆。展会期间，签约文化投资项目共 82 个，签约总额 253.59 亿元；现场交易额 14.53 亿元，其中订单额 13.68 亿元；总参观人数达 40.32 万人次，其中主展馆 18.28 万人次。各级领导充分肯定并高度评价了本届展会，文化和旅游部党组成员、副部长张旭表示“海峡两岸文博会办得很好，很有特色”；青海省人民政府副省长张黎表示“要多向福建厦门学习办展经验”。

五、媒体立体聚焦，推动多元传播

本届文博会吸引了 80 家海内外媒体共 523 名记者参与报道。央媒高度关注，多频次报道。中央电视台记者现场采访，连日播报展会新闻。新华社、中新社、中央人民广播电台、新华网、人民网、《中国日报》等中央媒体对展会进行了现场报道，《人民日报》(海外版)专门一个整版介绍文博会。港台媒体全程关注，进行专版专题报道。

执笔：市文广新局

时间：2018 年 11 月

“越·向新生” 营造时尚氛围

——2018厦门国际时尚周综述

◎ 厦门国际时尚周组委会

在市委、市政府的大力支持下，2018厦门国际时尚周以“越·向新生”为主题于11月23日至27日成功举办。本届时尚周以厦门国际会议展览中心A7、A8馆为主场，联动思明、湖里分会场和厦门市其他时尚地标，营造出“可观赏、可体验、可讨论、可消费”的全城时尚氛围，重新定义了时尚周，切实推动了厦门市国际化水平提升和时尚产业创新发展。

一、举办成效

本届时尚周效果显著，一是运营机制创新。首次引入组委会专家委员会和年度轮值总策划机制，由场景实验室创始人吴声担任本年度总策划，成功带入李霞、林依轮等具有行业话语权的重要嘉宾和京东、小红书等头部资源。二是呈现方式创新。凭借跨界秀演、互动式展览、沉浸式演讲等多元化的场景式体验和内容独创性，累计吸引约5万人来场，线上参与人次超过1000万，受众年轻化，“90后”成为主流。三是传播手段创新。通过在线直播、短视频等新媒体渠道，直达青年时尚消费群体，首次与约30位知名

KOL(关键意见领袖)深度合作,大幅提升媒体转化率,票务收入创新高。四是成果形式创新,强调解决产业痛点和传播时尚新思维,创立全新演讲品牌 FED Show,通过企业命题赛制,设计大赛决赛作品及时变现,丰富市场化成果,近期将联合发布《时尚新物种白皮书 2018》。

(一)精准定位,重新解构时尚现象

1.构建差异化定位。本届时尚周成功定位受众为青年新中产群体,主动迎合青年消费主力军,建构了独特的时尚场景试验场,利用 TRENDY UP 发布汇、MIX PARK 实验展、FED SHOW、时尚推动力致敬盛典等四大创新 IP,实现了衣、食、住、行、学、享、乐、购的全元素覆盖,满足了青年群体对视觉惊喜等感官体验和互动参与的需求。根据统计,时尚周期间 29 岁及以下现场观众占比 55%,网络参与人数超过 1000 万人次,其中绝大部分集中在"80"后和"90"后,成功吸引了青年新中产群体的极大关注和积极参与,为厦门国际时尚周扎牢了差异化发展道路的重要根基。

2.扩大时尚外延。本届时尚周大胆突破时装发布的传统模式,积极实践跨界探索的多元化延伸,实现了资源板块的外扩。新材料与服装制造完美融合,潮流服饰诠释中西元素的激情碰撞,晨光文具等老牌厂商转型文创,无人机"飞进"时尚圈,餐饮业主动拥抱时尚新元素等。以时尚为核心,跨界融合了商业、科技、媒体、金融、体育、文娱、设计、健康等众多业态的产业集群,为企业、设计师和观众带来了全新感知,展现了厦门国际时尚周的新思路与新观点。

3.树立时尚权威性。本届时尚周设立业内首个针对时尚经济产业的全景扫描式推选奖项,组成以吴晓波为首的 12 位国内资深媒体人和创意先锋的行业权威推选委员会,汇聚商业地产研究会会长王永平、爱慕董事长张荣明、场景试验创始人吴声、小红书合伙人曾秀莲、钟薛高品牌创始人林盛、知名时尚博主徐峰立、广州K11总经理邹郁、Rfactory创始人吴英男、衡山·和集创意总监令狐磊等10余位跨领域的新商业前沿时尚人物现场论道。从空间重生唤醒城市价值到注意力时代的流行能力，从智造新国货到时尚新零售的越界融合，多角度洞察了时尚产业发展趋势，并发布《时尚新物种白皮书2018》输出成果，提出行业发展新方向，建立行业标杆话语体系。

（二）整合优质资源，凸显平台集聚优势

1.优质品牌积极参与。与往届相比，本届时尚周极大提升了品牌资源质量和数量。近百家知名品牌的高质量参与，诠释了厦门国际时尚周的美好期许。秀场板块囊括ESCADA、JORYA weekend、LOTTUSSE等国际品牌的新作风采，MAO'S IF、LIBERTY、MORDORF、密扇等新锐潮流设计品牌，计文波、曾凤飞、刘勇、王玉涛、万一方等大师匠心之作，与狼共舞、鸿星尔克、黎姿、the MSLAN、厦门理工学院陈宇、杨子、连惠卿等本土品牌和设计师。展场板块吸引了小红书、小米、瑞幸咖啡、美图秀秀、猫王收音机、网易云音乐、言几又、晨光、一坐一忘、胡桃里、翼飞客、星健身等50余家一线跨界品牌齐聚，涵盖了时尚潮牌、国潮美妆、潮流玩物、网红美食、黑科技等泛时尚元素，丰富了时尚美学融入生活的内涵。绝大部分品牌都计划于近期落户厦门，更有超过85%的品牌表示希望和时尚周继续合作。

2.凸显赛企联动优势。本届国际配饰设计大赛以“赛企结合”开展命题，无缝链接了设计师和时尚品牌方，为双方架设了沟通的桥梁，将赛事演变成一系列赛后商业延展活动。本届大赛共吸引了来自波兰、西班牙、泰国、英国等10余个国家和地区的625位设计师参赛，其中有超两成是拥有市场经验的独立设计师，知名珠宝企业金伯利钻石选派了多名成熟设计师参赛，其作品市场评估价

格均达数十万元。厦门国际时尚周的平台优势已逐渐得到了国内外时尚界的持续关注和广泛认可。

3.拓宽合作共享。在本届时尚周成功举办的影响下,时尚周组委会与厦门贸促会、香港贸易发展局福建代表处战略签约,进一步促进厦门和香港在时尚创意的合作。建发星光与上海芒果互娱签订战略合作协议,双方后续将发挥各自资源优势,在电影、综艺、明星、衍生品和芒果系 IP 等泛时尚领域开展多元合作。湖里区举办"特区·1980"园区扶持办法新闻发布会,公布了产业转型补助、租金补助、创新补助、重点项目引进补助等优惠政策,展现了与时尚产业共享新时代发展机遇的决心。

(三)培育时尚生态,斩获新零售产业成果

1.培植时尚生态。正如年度总策划吴声所言:"一场成功的时尚周是能引发观众对时尚的思考与追求,能给时尚从业者带来启迪和帮助。"本届时尚周的优质内容引发了各大头部资源自发宣传,橘子娱乐(粉丝量 723 万)、Papitube(粉丝量 160 万)等主动转发时尚周内容,林依轮、李霞、王永平等名流大咖纷纷在自己朋友圈发布参会感言,口碑传播效果明显,时尚生态的繁枝茂叶不断得到了议题根基的养分供给。著名主持人、容艺教育创始人李霞感言:"厦门国际时尚周与一些传统时装周相比,有让我耳目一新的地方,这里有新的视角,也有很多人参与讨论。我觉得正是思考才会产生改变,这对行业也能起到推动作用。"紫金黄金总经理范大游则直言:"我们通过厦门国际时尚周成为了设计师的'梦想合伙人'。"

2.培育企业转型基因。优良的时尚生态,拓宽了企业转型和产业升级的渠道。紫金矿业集团通过时尚周正式签约配饰大赛参赛设计师,为传统产品植入时尚 DNA,并打通产业链上下游,构建独自的原创设计生态。厦门老字号国际欧芭美发沙龙集团与厦门

蒙发利“奥佳华”按摩椅品牌在本届时尚周擦出创意火花，联合启动了按摩洗头床的研发，凭借着技术和渠道的优势叠加，计划近年投产并推广至全国上万家门店，书写一段产业迭代的美谈佳话。

3.拥抱新零售。本届时尚周首次创新新零售模式，与京东深度合作，线上开设厦门国际时尚周京东专题页，让消费者同步直击秀场同款，提供即秀即购、即展即购的体验式、主题化时尚消费场景，实现媒体资源双向导流。京东日单日专题页总访问次数近百万，完成线上交易突破3000笔，UV转换率高达15%，远超业界平均水平。新零售模式为本届时尚周打通了信息流，联动了设计师、品牌、网络与新媒体，打造和推广了个性化时尚产品，也为厦门本土企业的转型升级检验了数字经济产业链的能量，探索了时尚产业发展的增值空间。

二、办会经验

1.做好活动主体的实效统筹。引进年度轮值总策划，充分发挥组委会专家委员会的主观能动性，建立优质合作伙伴甄选机制，严格把关方案策划、合同审核、项目落地执行，定期召开项目例会跟踪进度并及时沟通反馈，形成了合作伙伴内部的竞争环境，间接调动了合作方自行运作社会资源的能力，提高经费使用效益，扩大了主场规模，较上届增大了3倍面积，强化了一站式体验，以优质内容带来市场价值最大化的产出，提升资金撬动效益。

2.做好产业对接的招商窗口。立足厦门产业基础，以推动“双千亿”为抓手，利用时尚周平台的权威性和业内高认可度，汇聚了与厦门“旅游会展”“金融服务”“文化创意”“软件和信息服务”等千亿产业链群相关的国内外优质源集，经厦门市发改委前期会同火炬管委会等部门统筹，充分宣传、双向调动参展企业和本地国企、民企积极性,以 afterparty 等多元开放形式组织了招商交流及产业对接活动,受到建发集团、国贸集团、象屿集团、火炬集团、港务集团等大型国企,以及国际欧芭集团、胡桃里饮食文化、爱定客网络科技等民营企业的一致好评,时尚周招商窗口效益初显。

3.做好媒体宣传的合理运用。紧贴时尚周全新定位,锁定目标客群,定制适合青年群体的传播策略。加大布局新媒体力度,以走心创意打造传播爆款效应,满足了当下互联网时代主流的用户体验偏好。据统计,微信朋友圈广告曝光总量达 720 万人次,今日头条曝光总量超 1500 万人次,抖音曝光总量超 300 万人次,新浪微博矩阵总阅读量达 856 万人次,同比往届增长超 300%。

三、下阶段工作

一是加强统筹协调,通过举办定期不定期的线上线下活动,进一步增强时尚氛围,打造"永不落幕"的时尚盛会,并持续跟踪推动时尚产业在厦落地生根。

二是理顺运营机制,推进 2019 轮值总策划人选工作。

三是继续以市场化原则为主导,持续拓展转化招商优质资源。

执笔:苏彦聪

时间:2018 年 12 月

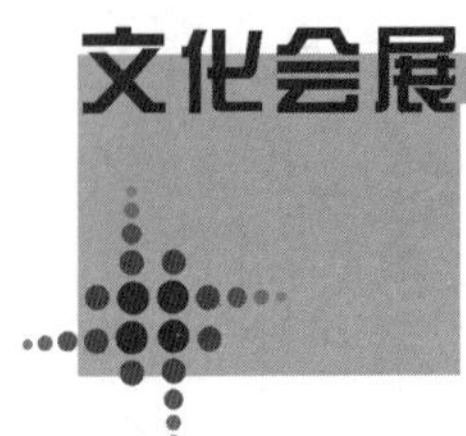

国际视野 跨岛发展 跨界融合

——第十一届厦门国际动漫节综述

◎ 厦门国际动漫节组委会

伴随着动漫游戏嘉年华的欢歌笑语，11 月 18 日，第十一届厦门国际动漫节在厦门软件园三期金海豚广场圆满落下帷幕。作为新一个十年的开篇，本届动漫节围绕金海豚赛事、商务大会、嘉年华即“赛、会、展”三大板块，打造了诸多丰富多彩的主题活动，无论是专业化、国际化、产业化水平都有了明显的提升。

11 月 15—16 日动漫节商务大会对洽会期间，新加坡、马来西亚、泰国、越南、印尼等 8 个国家及地区的 47 家企业，共举办约 150 场次的一对一 IP 对接会议，其中 60 场次达成下一步合作意向。11 月 17—18 日举办的动漫嘉年华活动共吸引 6 万人到场参与。

11 年时间里，厦门国际动漫节从厦门走向了全球，成为一场当之无愧的行业盛会和一座城市的国际名片；

11 年时间里，厦门国际动漫节从岛内软件园二期走向了岛外集美，成为跨岛发展、跨越发展的新载体；

11 年时间里，厦门国际动漫节立足动漫游戏产业，深入打造产业对接平台，成为产业动向的风向标……

深耕国际化之路　多向平台促“引进来”“走出去”

“国际化”一直是伴随着厦门国际动漫节成长的重要标签。本届动漫节中，活动的“国际范”依旧凸显。

作为厦门国际动漫节历年来的重头戏，本届“金海豚奖”作品大赛共收到来自54个国家和地区的2662部参赛作品，其中境内作品2224部，境外作品438部。同时，比赛还扩大了境外作品可参评范围，提高赛事国际化程度。参赛作品整体质量提升明显，题材多元，竞争激烈。

经过11年的成长，厦门国际动漫节在海内外的影响力愈发彰显。据国际动画协会中国分会秘书长李中秋介绍，如今的厦门国际动漫节已成为ASIFA国际动画协会推荐的国际性动漫节之一。

在夯实2017年动漫游戏商务大会成果的基础上，2018年动漫节再次举办商务大会。诸多行业专家学者齐聚，针对市场动向、内容创意、国际合作、商业模式等关键要素做前沿经验分享。大会围绕产业热点、焦点，设立“一带一路”动漫游戏产业发展峰会、国际动漫编剧论坛、国际动漫衍生品论坛以及东盟ACG产业论坛暨国际动漫游戏IP交易对洽会等精彩活动。

“厦门动漫游戏产业氛围浓厚，且拥有国际化视野和开放性思维。更重要的是，相比一线城市，厦门本地的动漫人才素质并不差，相反在人力成本上还具备较大优势。”三七互娱投资副总裁林均全告诉笔者，厦门在游戏“出海”、与海外市场接轨方面将大有可为。目前三七互娱已经在厦门投资了几家游戏公司，未来也考虑通过厦门来进行“出海”布局。

立足区位优势，发挥动漫节的国际化平台和渠道作用，让更多业内人士看到了厦门动漫游戏产业发展的先机。对此，新加坡漫

蓝皮书

画文创协会会长刘俊贤认为，动漫游戏商务大会，已经成为动漫游戏产业国际交流合作的有力平台，尤其是在中国和东盟之间，平台作用凸显。“当然这个平台不是简单‘中国-东盟’双向机制，它是‘多向’的，我们可以看到，在东盟内部，国与国之间的动漫游戏产业也通过此次商务大会得以实现深度联动。”

立足跨岛发展　移师岛外办节推动产城融合

在本届动漫节中，许多动漫节的“老朋友”都有了耳目一新的感觉。原来，在开启动漫节新一个十年之际，此次动漫节首次移师岛外集美，两天的动漫游戏嘉年华还采用了户外游园的形式，让厦门软件园三期金海豚广场成了二次元集结的欢乐海洋。

从最早软件园二期的园区活动，到在文化艺术中心、国际会展中心举办的大型节展活动，再到软件园三期金海豚广场上演全民动漫狂欢，厦门国际动漫节举办地的变迁勾勒出一条跨岛发展之路。

“将动漫节举办地搬到软件园三期，是响应厦门跨岛发展战略的一大举措，为的是发挥动漫节平台效应，提升软件园三期人气，吸引动漫游戏企业入驻，推动产业集聚，助力产城融合。”厦门国际动漫节组委会有关负责人介绍说。

在厦门市经济和信息化局软件服务业处处长韩绍兵看来，坚持开放之路和跨岛之路是本届厦门国际动漫节的两大特点。不断壮大的软件园三期是厦门软件和信息服务业的重要承载地，动漫游戏产业所属的数字创意产业正是厦门软件园重点发展的五大行业细分领域。随着建设推进，以及地铁一号线等周边配套的逐步完善，厦门软件园三期也将逐渐成为厦门产城融合新高地，并借助动漫节的举办推动园区的数字创意产业再上新台阶。

回溯动漫节发展之路，其产业带动作用显而易见。数据显示，2008 年首届厦门国际动漫节举办时，厦门动漫游戏产业年产值大约是 5 亿元，到 2017 年厦门动漫游戏产业的产值达 135 亿元，十年增长 27 倍。厦门国际动漫节组委会表示，厦门国际动漫节从设立开始，主要任务就是服务于厦门市动漫游戏产业，厦门动漫游戏产业驶入快车道，厦门国际动漫节的推动功不可没。

加速跨界融合 IP 生态化运营成大趋势

在 2018 年动漫游戏嘉年华的现场，厦企翔通动漫展位里的亲子互动体验空间，格外引人注意。印有可爱卡通形象的儿童床、小帐篷，以及墙上悬挂的卡通挂画……企业运用旗下绿豆蛙 IP 打造温馨主题儿童房，吸引不少孩子和家长的驻足玩耍。

近年来，翔通动漫积极打造基于旗下知名 IP 形象的亲子品牌，并依托母公司祥源文化的资源，将动漫 IP 导入动漫主题酒店、文创店、主题乐园等产业，打造沉浸式体验消费产品，探索动漫与文旅的融合之路。

“未来我们将陆续将授权出去的 IP 重新收归旗下，依托品牌化、专业化的 IP 运营，推出优质的项目和产品。”翔通动漫文旅动漫事业部总经理杨曦傲介绍说。

作为动漫游戏产业对接的平台，厦门国际动漫节也是产业发展的重要风向标。通过动漫节的窗口，可以发现，跨形态、跨媒介、跨行业融合，转型以 IP 为核心的生态化运营，成为厦门动漫游戏企业的主要发力方向。

值得一提的是，经过十余年的发展，集“赛、会、展”于一体的厦门国际动漫节已然成为厦门动漫游戏产业人才培育和对接的重要平台。

在福州大学厦门工艺美术学院老师黄晓瑜看来,“金海豚奖”是一个专业、公平的动画大赛,这样一个平台对于年轻的创作者来说特别重要。“借助大赛的平台,学生得以成长,”黄晓瑜说,比如该校2016年获得“金海豚奖”作品大赛海丝创新奖金奖的学生团队,在毕业后开始创业,成立了自己的动画公司。

本届大赛还针对潜力IP、作者创意、作品制作等方面增设了五个优秀奖奖项,旨在吸引更多初创团队及个人参赛。动漫节组委会还组织相关的获奖作品参与路演推介及产业对接会活动,鼓励优秀动漫人才来厦落地发展。同时,衍生品开发大赛、动漫衍生品论坛、动漫编剧论坛则围绕专业的细分领域开展交流,挖掘实用型专业人才,共谋动漫产业发展。

“基于集美区丰富的高校资源,我们在2018年动漫节期间举办了面向高校的衍生品设计大赛,通过这样的平台实现人才的培养和企业品牌形象的宣传。”杨曦傲说,企业还通过课程嵌入式教学、高校共建学院及专业、实习基地、线上课程系统建设、海外高校留学项目等多种形式,不断培育产业人才。

精彩互动体验　成全民动漫游戏嘉年华

“很嗨,很好玩”,这是本届厦门动漫节给予市民最直接的感受。这种感受,来自2018年动漫节组委会倾力打造的厦门动漫游戏嘉年华。

此次嘉年华的展会场地设置在厦门软件园三期户外的金海豚广场,展会面积约2万平方米,国内知名的斗鱼直播、艾漫、AC-TOYS、漫凯、咪咕动漫、天翼爱动漫、小沃科技、翔通动漫、4399等企业均前来参展。

两天的嘉年华,每天都是人潮涌动。主舞台区域举办的各类表演赛事，几乎场场爆满，为观众们奉献了一场又一场的视听盛宴；动漫游戏衍生品展位区，同人手办、玩偶抱枕、cosplay 道具、衣帽服饰等动漫游戏衍生品一应俱全，深受漫迷们的喜爱；打扮或酷炫或可爱或搞笑的 coser 们，穿梭展位其间，亲切地和市民们合影互动；人气漫画《镖人》作者许先哲，以及幽·灵、虽虽酱、患者阿离、口袋巧克力等动漫名家现身出席签售活动，为漫迷们带来不小的惊喜。

相比往届，本届动漫节参与的市民年龄层次更广，不仅有成群结队的学生、也有全家老少幼总动员。此外，观众和嘉宾及表演人员的互动也更加频繁、有趣。对此，第二次参加厦门动漫节的台湾元老级资深 COSER 席珍感受颇深，“之前同样是作为嘉宾评委参与厦门动漫节，以前台下观看的基本都是 COSPLAY 爱好者，2018 年很不一样，有小朋友、有老人家，很多明显是第一次看 COSPLAY 舞台表演，我觉得特别棒。”

实际上，本次动漫游戏嘉年华打造的互动体验活动非常丰富，包含有集章现场抽奖、真人娃娃机体验、巨型扭蛋机，还有斗鱼 FCA 龙珠力量大会、咪咕次元 C 站、洛丽塔服饰走秀、摄影造景区等，让不同年龄层的观众都可以参与体验，两天的活动现场热闹非凡，精彩不断，无形之中让全民动漫深入人心，也让厦门动漫节这一品牌得以蜕变和升华。

执笔：章泳辉

时间：2018 年 11 月

蓝皮书

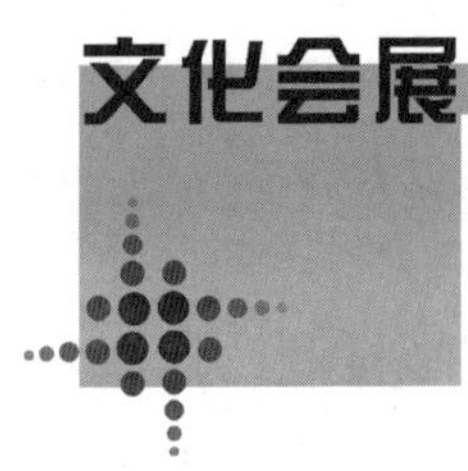

文化会展

全民的艺术饕餮盛宴

——第四届艺术厦门国际博览会综述

◎ 艺术厦门博览会组委会

第四届艺术厦门国际博览会（以下简称“艺术厦门”）于5月25日至28日在厦门国际会展中心成功举办。本届艺术厦门在展览水平、展商服务、配套活动各方面上均超过前三届，期间媒体积极报道，观众自发宣传，不仅取得良好的社会效益，扩大了艺术厦门的影响力和知名度，同时也带动旅游、酒店等相关服务产业的消费，得到社会各界的好评，为5月的厦门注入了一股强劲的艺术热潮。

蓝皮书

国际化舞台展现艺术魅力

2018年，艺术厦门首次加入“国际”二字，共设置3个展区：当代区、经典区、公共艺术区。展览面积达2万平方米，国际标准展位1117个，共邀请来自11个国家和地区的100多家艺术机构参与，其中68%为国际当代画廊。同时，艺术厦门充分发挥闽台优势，台湾画廊协会组织11家顶级画廊集体亮相，共同搭建两岸交流互动平台。在引进国际资源的同时，艺术厦门始终坚持发挥本土优势，汇集大批优秀艺术家个展及联展等，促进国内外艺术交流、展示、交易。

本届艺术厦门实现人流量和销售额双丰收。据人流数据反馈，本届观展总人次突破7.6万人次，其中专业观众近2万人次，占总参观人次的26.3%，同比2017年增长81.9%。据不完全统计，本届参展商近70%均有销售，其中不乏大量重磅作品售出，如陈文令作品《沐浴星空》开展两小时成交，蔡国强作品90万元成交，周碧初油画《风景·树下》15万元成交，席时斌雕塑作品18万元成交，张旭东作品10万元成交，某藏家以过百万价格整体打包购买台湾一家画廊多年收藏的"老货"，简艺术沙龙6幅油画作品金额高达379万元被深圳藏家买入，黄宇兴作品《气泡》以38万元成交，陈亮的《无题w79》共售出5件，文小博的欧洲古董珠宝每天都有几十万的进账，徐毕华和谢义錩的作品现场成交2件共计56.28万元，其中谢义錩的作品以50万元的价格被定制，阜山窑造像成交4件，每件10万元左右，庄毓聪大写意花鸟画大展有10幅售出，陈家泠作品60万元成交，杨柳的瓷版画以25万元成交3幅，并被预订多幅等等。

学术化策展探寻城市发展之路

经过多年的积淀发展，艺术厦门正在从单纯的博览会平台向城市艺术氛围的"发动机"推进。注重公共艺术提升城市品位，强调艺术与城市的共生，特别是岛外新城建设的融合，成为本届艺术博览会的重要议题。

本届博览会共邀请国内外100多名专家、学者参与，举办9场公开学术论坛："共建城市艺术生态系统""华人当代艺术的跨文化现代性""当代公共空间中艺术品的社会价值""艺术与收藏""艺术滋养城市——海沧城市艺术生态的探索""澳洲艺术论坛""学术策展在艺博会中的有效性”“如何使艺术品走入大众”“如何让孩子爱上艺术”。同时，还设立3个策展人艺术项目：亚洲现场策展的“前哨”、夏可君策展的“虚设艺术”以及林苒策展的“艺与术”。通过论坛研讨和独立的公共艺术区策划，吸引更多人关注城市艺术生态，寻求艺术助推城市发展的探索之路。

平民化互动提升市民艺术素养

本届艺术厦门设立团体艺术观展团，共接待“艺术观展团”12个，合计约2000人，其中院校公益观展团有协和双语学校、内厝中学、禾一美术学校等5个，本地企业观展团如中华城、恒禾置地、吉比特3个，协会团体观展团如厦大校友会、泉州侨界青年联谊会、同安美协、海沧区委宣传部等4个。

同时，本届艺术厦门将公共艺术单独成立一个板块，共11件公共艺术作品包含大型雕塑、装置等，分布于展馆户外、展馆公共区及展区，多件大型装置如《听风少年》《源动力》《港湾》《中国狮》等均多次刷爆朋友圈及自媒体报道。现场观众零距离接触大型雕塑作品，通过公共艺术区的专业策展分布引发对城市公共艺术的思考，展览期间吸引了大批市民观众前来观看。

执笔：滕　丽

时间：2018年6月

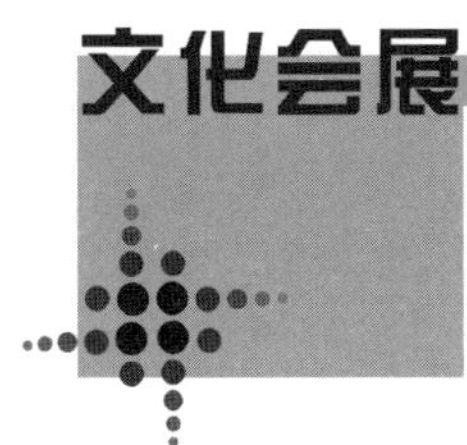

汇网上正能量，展厦门新风采

——第七届厦门网络文化节成功举办

◎ 厦门市委宣传部网络处*

10月21日，第七届厦门网络文化节成果展示活动在厦门广播电视中心成功举办。至此，2018年4月开始的第七届厦门网络文化节圆满落幕。市委常委、宣传部部长叶重耕出席活动。厦门网络文化节各主办、协办单位领导，全市各网站平台负责人和网民代表等400余人参加了现场活动。成果展示采取电视录播与网络直播同步进行的方式，现场通过播放VCR和节目演出，回顾七年来厦门网络文化节发展历程，展示各项活动成果，展现广大网民积极参与《厦门市文明上网倡议书》的互动情况；全市21家主要网络平台代表现场共同签名发起《厦门市互联网信息传播自律公约》；现场颁发了“四十年征程　e点赞厦门”全媒体接力行“十佳网络文化作品”和“优秀网络文化作品”，以及第七届厦门网络文化节优秀组织奖；启动“点赞新时代 幸福E鹭行”——网络全媒体厦门行。厦门网、一直播、看厦门APP、厦门广电网、厦门广电微信微博、“央视新闻+”厦门电视台矩阵号、厦门房地产联合网、新浪厦门微博等多个网络平台同步进行直播，与网民共享盛会，仅数小时参与互动的网民就超过200万人次。

---

* 厦门市委宣传部网络处现改名为厦门市网信办。

本届厦门网络文化节主要体现以下几个特点：

一、动员网民，努力构建网上网下同心圆

网络文化节自4月启动以来，围绕学习宣传贯彻习近平新时代中国特色社会主义思想和党的十九大精神、庆祝改革开放40周年，以"点击四十年征程 点赞新时代厦门"为主题，全市20多家属地网站、新媒体平台、网络运营商推出"奋进创新—发展篇""绚丽多彩—颜值篇""安居乐业—幸福篇""红色传承—党建篇"4个篇章，开展22项精彩的线上线下网民互动活动，创作传播一批特色鲜明、形式新颖、内容健康的新媒体网络文化产品，产生各类网络征文及演讲作品等200余篇、视频作品近300个、摄影作品3500余幅，讲述厦门改革开放好故事，展示新时代厦门新形象。半年来，线上线下参与活动的网民数超过300万人次，各项活动关注度、点击率、浏览量超过3500万人次，取得良好舆论反响和社会效应。

二、突出主题，讴歌改革开放40周年伟大成就

本次网络文化节紧紧围绕庆祝改革开放40周年，通过图文、短视频、动漫等多种类型表现手法，讴歌厦门改革开放40年来经济、社会、文化、城市建设、人民生活等方面的可喜变化，展现厦门高素质高颜值现代化国际化城市形象，取得很好的传播效果。厦门广电网举办"看见厦门"微视频征集评选大赛，腾讯大闽网厦门开展"芳华厦门·城市礼赞记"专题展示活动，东南网厦门站开展"点赞高素质高颜值"第四届"绍林杯"微视频（影像）大赛，咪咕动

漫开展“厦门 40 年美丽变迁”摄影绘画作品征集活动……通过微视频、图文、专访、H5、线下音乐会等形式，展示新时代背景下厦门经济社会发展的新气象、新作为。

三、立足创新，着眼于可视化呈现

主动设置议题，精心策划“四十年征程 e 点赞厦门”全媒体接力行，作为本次网络文化节的重头戏，先后 3 次组织 20 余家属地网站、新媒体平台近百余人开展集中活动，分别走进筼筜湖、南湖公园、东渡港区海天码头、厦门国际邮轮中心、厦门经济特区纪念馆、湖里区兴华社区、华美文创园、蓝色海湾广场以及厦门生物医药港等联系点考察采写，体验改革开放 40 年来厦门经济特区建设的新变化新成就。各网站及新媒体平台自主创作并发动网民参与，推出短视频、动漫、H5、图文等新媒体作品 65 件，在网站、微博、微信和 APP 客户端等平台传播，用生动鲜活的事例讲述厦门改革开放好故事，展示厦门高素质创新创业之城和高颜值生态花园之城的美好形象，相关作品关注度、点击率、浏览量超过 2500 万人次。主办单位从这些作品中评选出 10 件“十佳网络文化作品”和 10 件“优秀网络文化作品”，获奖作品将在专题网页展播至 12 月份，并向上级网信部门推荐。

四、讲好故事，展示厦门新时代新风采

立足以小切口展现大视角，小故事突出大主题，通过广大网民的述说，展现对厦门的热爱。厦门网“‘与时代共成长’大学生网上主题演讲赛”“‘小小外交之星’2018 年厦门青少年英语能力挑战

蓝皮书

赛”活动等，充分展示厦门青少年网民积极健康昂扬向上的精神面貌；太阳网“我的厦门我的城 醉美鹭岛新发现”网上摄影赛、小鱼网“文脉相承 我手中的美丽厦门”艺术作品网上征集、新浪厦门“砥砺五年 幸福之鹭”家庭幸福故事采写、网易厦门“改革亲历者”短视频推送活动等，通过作品体现改革开放40年来厦门人民的获得感和幸福感。

五、展示个性，各网站平台开展特色活动

本届网络文化节坚持个性化制作，突出差异化分众化特点，活动特色鲜明、形式丰富，接地气、连民心。台海网发挥对台资源优势，采访20位具有代表性的台胞，以图文形式展现改革开放40年来台胞眼中的厦门；小鱼网发挥属地社区论坛受众群体广泛的优势，开展党员活动，组织党员员工到何厝小学参观，通过亲子活动传播红色文化，传承良好家风；厦门房地产联合网以“践行新思想 建设新家园”为主题开展党员活动，组织网站党员、入党积极分子，携手居委会及街道的党员志愿者300余人走进10个邻里社区，助力美丽厦门建设；新浪厦门发挥微博传播速度快、覆盖面广的优势，开展“我与厦门的微记忆”话题互动活动，开设暖心话题讲述网友与厦门的故事；美拍平台发挥用户多、传播快、形式新等优势，开展“至美新厦门”活动，结合当下热门的AR特效手势舞、微电影等形式，展现厦门元素；咪咕动漫公司创作形式新颖的条漫、手绘作品，用年轻网友喜爱的漫画方式与网络文化特色相结合，通过咪咕圈圈客户端等平台进行推送等，这些各具特色的活动都取得明显的传播效果。

2018年11月

进一步加强交流合作 推动两岸出版繁荣发展

——第十四届海峡两岸图书交易会综述

◎ 厦门外图集团有限公司

由中国出版协会、福建省新闻出版广电局、厦门市人民政府和台湾图书发行协进会、台湾图书出版事业协会、台北市出版商业同业公会共同主办的第十四届海峡两岸图书交易会(以下简称“海图会”)于 2018 年 8 月 16—23 日在台湾举办,取得良好的交流成效。

海峡两岸图书交易会(以下简称“海图会”)自 2005 年创办以来,围绕“书香两岸,情系中华”主题,已在福建厦门和台湾成功举办了 14 届,累计参展图书 900 余万册,实现图书销售采购 4.6 亿元人民币,达成版权贸易等业务合作项目 2630 项,成为两岸出版业界图书展销、版权贸易、信息交流、行业研讨、数字出版产业交流功能于一体的重要交流合作平台,受到两岸出版业界人士和广大读者的欢迎和积极参与。

一、活动特点

1.活动规格高。本届海图会汇集两岸出版资源和专业力量,是两岸规格最高、影响最广的专业性展会。本次团组是大陆出版业近年来组织的最大规模的交流团，参访团共327人，由中国出版协会理事长柳斌杰担任顾问，成员来自福建、湖北、北京等20个省市。

2.覆盖范围广。本届海图会共设立1个主会场和5个分会场，主会场设在台北市世贸中心，5个分会场覆盖台湾地区北部、中部、南部多个县市，会场数量为历届最多。两岸共有312家出版机构参展，其中大陆参展单位187家，台湾参展单位125家，两岸参展图书共10万种30万册。

3.精彩看点多。本届海图会进一步加强活动创新，展会期间首次举办了两岸出版高峰论坛暨两岸电子书产销合作论坛、两岸版权贸易对接会、苏台出版产业对接会、两岸新书发布会，中华岭南文化、妈祖文化、荆楚文化、台湾乡土文化的名家讲座等活动。

4.阅读氛围浓。本届海图会与第十九届台湾漫画博览会同期举行，形成双展联动。举办两岸名家签售讲座、民俗展演等精彩活动，全场图书向读者开放优惠，营造浓厚的书香阅读氛围。

5.交流平台新。本届海图会与台湾博客来等多家图书网络平台展开合作，设置第十四届海图会网络展，两岸各类精品图书线上线下同步展销，进一步巩固提升了海图会的交易成果和影响。

二、主要做法和成效

1.两岸交流面临新形势，组织保障更坚实。组委会办公室成立了16个工作小组，厦门外图集团有限公司组成多个工作专班，积极与两岸主承办单位沟通对接，全力推进各项筹备工作。参访团在台期间，积极与台湾主办单位以及展务管理、展场销售、接待、搭建、安保等合作单位协调，认真落实各项防范措施，确保展会安全有序举办。

2.业界齐聚展现新阵势，招展工作更扎实。厦门外图集团有限公司在展前组成多个招展招商小组，分赴20多个省市开展推介对接，邀请各地出版主管部门、出版发行集团组团参展，取得了良好的招展效果。大陆参展单位既有出版集团，也有专业出版社和数字出版企业。台湾出版界为排名靠前的出版机构。两岸参展出版机构组织举办了20余场签约仪式、新书发布会、交流会、座谈会，在图书选题、策划、发行、版权、营销管理等方面进行了深入对接。

3.合作对接打造新趋势，策展工作更务实。本届海图会创新举办两岸版权贸易媒合会，专门设立100平方米的版权贸易专区，提前与两岸出版机构沟通协调，安排厦门外图集团专业的版贸团队现场对接服务，两岸48家出版社约160位版权、编辑人员参会，共有362种图书在现场达成版权合作意向，并签订版权贸易协议，出版图书折合码洋约1.1亿元。两岸出版高峰论坛以“两岸电子书产销合作”为主题，邀请两岸100余家出版社、图书馆代表参会，交流分享两岸数字出版发展经验，探讨展望数字出版的未来趋势。

4.主宾活动呈现新态势，展览阵容更强大。湖北省作为主宾省参展，湖北馆以“书香荆楚、文化湖北”为主题，32家电子音像、数字出版、民营书业等出版发行单位以及华中国家数字出版基地和知音动漫参展。湖北规模最大的文献整理与研究出版工程《荆楚文库》在台湾首次亮相，《中国抗日战争大辞典》《荆楚文萃》《字绘台湾》等一批反映海峡两岸文化同根同源的图书吸引了台湾读者的关注，集中展示近年来湖北出版业最新成果和荆楚文化魅力。

5.生动展示两岸交流成果，引起两岸业界共鸣。为纪念两岸出版交流30年来的光辉历程和丰硕成果，推动两岸出版交流与合作向更广泛、更深入的方向发展，中国出版协会和海图会组委会共同举办海峡两岸出版交流30周年图片展、海峡两岸出版交流30周年版权贸易图书成果展、海峡两岸出版交流30周年优秀版权图书颁奖仪式等3项主题活动。中国出版协会理事长柳斌杰在颁奖仪式上表示，两岸出版业30年的交流成果来之不易，凝聚着两岸业者的心血与智慧，希望两岸出版人不忘初心，继往开来，进一步加强交流合作，携手推动两岸出版的发展繁荣。

6.网络宣传发挥新优势，社会反响更热烈。筹备期间，组委会办公室通过台湾主办方向台湾相关图书馆、学校、业者、读书俱乐部发放海图会活动印刷品和EDM(电子邮件营销)电子海报，增强了海图会在台湾的社会影响。人民日报(海外版)、新华社、中新社、中央广播电视总台等各家大陆驻台媒体争相报道，人民网、中国新闻网、中国台湾网等网站转载发布，海图会微信、微博、网站和脸书等社交平台官方账户同步发布最新动态，形成了广播、电视、报纸、新闻网站和自媒体平台立体聚焦关注两岸出版交流的舆论氛围。

三、成功举办的主要经验

1.得益于各级领导高度重视和精心指导。海图会自2005年创办至今，得到各相关部门高度重视，在办展方向、思路和具体措施上给予具体的关心指导，帮助解决在筹备执行过程中遇到的困难和问题，给予办展经费补贴，相关省市宣传和新闻出版主管部门积极组团参展并举办两岸出版产业对接活动。各级领导的关心重视和指导支持是海图会成功举办的组织保障。

2.得益于两岸各主承办单位的通力协作。海峡两岸图书交易会在2005年创办之初，厦门外图集团有限公司(2009年文化体制改革的前身为厦门对外图书交流中心)在开展对台图书进出口业务中，就认识到两岸出版行业需要一个机制化、常态化的交流合作平台，推动两岸出版界进一步加强了解和项目对接。在厦门外图集团积极努力下，由两岸出版界合作创办海峡两岸图书交易会的提议，得到了相关部门和两岸业界的积极响应。2005 年 7 月 29 日至 31 日，首届海峡两岸图书交易会在厦门成功举办。在两岸出版界长期的持续努力和通力协作下，海图会在两岸的影响力和凝聚力越来越高，逐步成为两岸出版界最高规格、最具实效的出版交流合作平台。

3.得益于长期以来形成的规范完善的运作机制。经两岸主承办单位共同协商，海图会每两年分别在厦门和台湾各举办一届。大陆主办单位为厦门市人民政府、福建省新闻出版广电局、中国出版协会，台湾主办单位为台湾图书发行协进会、台湾图书出版事业协会、台北市出版商业同业公会，并每两年由台湾方一个公协会作为台湾牵头主办单位。自第三届海图会起，每两年设立一个主宾省(市)，北京、上海、江苏、浙江、山东、湖北先后担任主宾省(市)，举办丰富多彩的主宾省展示交流活动，有力促进主宾省(市)与台湾出版业的双向交流与合作。每届海图会均设立主、分会场，扩大活动覆盖范围和影响，在台湾举办时设立台北主会场并在台湾中部、南部设立若干个分会场，在厦门举办时在岛内岛外设立主、分会场。每届海图会均围绕两岸出版交流的前瞻趋势等议题精心举办两岸出版高峰论坛，邀请两岸业界人士展开深入研讨。海图会的规范合理的运作机制，在两岸业界形成了良好共识，起到了积极的促进作用，助推海图会持续健康发展。

4.得益于福建、厦门政策支持和对台区位优势。福建与台湾有地缘近、血缘亲、文缘深、商缘广、法缘久的五缘优势，对台区位优势突出。厦门作为改革开放最早的经济特区，率先开放“小三通”和实施先行先试的对台交流政策，在对台图书贸易、版权交易、出版合作等业务中与台湾出版业建立了紧密的合作联系，厦门成为对台图书贸易的重要口岸和出版交流合作重要基地。

5.得益于两岸出版业广阔的交流合作需求。两岸出版界依托海图会平台，积极推动两岸出版交流从间接到直接，从单向到双向，从一般交流到实质性合作，在传统出版、数字出版、版权和印刷等各领域达成广泛的交流成果，形成优势互补，互利双赢。随着数字出版技术的变革和出版产业结构的调整，两岸出版界需要携手合作，促进共同繁荣发展，两岸业界参与积极性越来越高，使得海图会更具品牌活力和影响力。

6.厦门外图集团有限公司全力投入和精心运作。厦门外图集团有限公司主动肩负组织协调责任，设立组委会办公室和16个工作小组，详细拟定工作执行细案，扎扎实实开展各项筹备执行工作。组委会会务协调办公室定期召开筹备工作推进会，认真检查督办。在展场规划、宣传推介工作上与时俱进，做细做实，除策划举办出版产业对接交流活动外，同期举办两岸作家签售讲座、全民阅读等活动，吸引读者现场互动，争取更好地发挥海图会的入台宣传影响。

四、工作体会

1.海图会在两岸交流中发挥了十分重要的作用。海图会经过多年的精心运作，已经在两岸出版界和广大读者中赢得了较好口碑。本届海图会是近一个时期以来成功开展的最高规格、最大规模的民间交流活动，充分发挥了福建、厦门对台交流的区位和资源优势，充分体现了大陆出版业在推动对台文化交流方面的重要作用。

2.两岸出版业的合作发展空间广阔。自1988年两岸开启出版交流至今30年来，两岸出版业相互借鉴、务实合作，取得互惠双赢的硕果。当前，两岸在出版资源、技术、资本、市场等方面各具优势，随着出版业转型升级和数字出版产业的蓬勃发展，两岸出版界共同面临新的发展机遇和挑战。海图会作为两岸出版交流的重要平台，不断凝聚交流合力，持续创新拓展，将为两岸出版业合作创造广阔的商机，助推产业繁荣发展，进一步提升中华文化影响力。

3.台湾出版界人士支持两岸文化交流。中华文化是两岸共同的出版资源宝库，台湾年出版品中的汉语文种图书占95%，台湾业者认同中华文化并受益于编纂整理中华史料典籍，引进大陆优秀图书在台出版发行，取得良好的经济效益和社会效益。经过海图会持续细致地做台湾出版界同仁的工作，积极争取和团结大多数台湾出版界组织和业界人士认同中华文化，支持"九二共识"，支持两岸交流合作，进一步传承弘扬中华文化，促进两岸同胞的心灵契合。

4.台湾民众对大陆图书的接受度越来越高。近年来，大陆图书的装帧设计和编辑出版水平提高，一些名家名作和影视剧小说著作越来越受到台湾读者追捧。本届海图会期间举办的大陆作家签售讲座活动，吸引大批台湾青少年参与互动，参观选购大陆图书的人潮涌动，反映大陆图书越来越受到台湾读者的欢迎，对今后做台湾民众的工作，促进两岸同胞的心灵契合起到潜移默化的作用。

五、工作建议

海峡两岸图书交易会的举办是海峡两岸出版发行界多年来的共同愿望，有利于以图书为纽带，促进两岸出版业交流，增进两岸同胞的民族感情和心灵契合；有利于通过图书媒介的传播，增进台湾同胞对祖国大陆的了解，增进两岸同属中华文化、两岸一家亲的共识；有利于发挥对台区位优势，推动两岸出版发行业优势互补，促进出版产业发展和文化繁荣。为进一步巩固和深化海图会成果，提出以下建议：

1.建议加强对海图会工作的指导支持。恳请各级相关部门继续给予精心指导和大力支持,使海图会办得更具特色,更加务实,更好地发挥对台文化交流平台作用。

2.建议乘势而为拓展海图会交流平台的广度和深度。台湾地区现有5000家出版社(单位),涉及图书创作、编辑、版权、发行、图书馆等相关从业人员数十万人,普遍具有较高的学历和文化水平。台湾地区参加本届海图会的出版社100余家,参展图书覆盖台湾200多家出版社,但还有一大批致力倡导传播中华文化、在细分领域具有特色和文化软实力的台湾中小型出版社,因活动经费不足未能参展参会。建议进一步加大海图会入台宣传推广支持力度,扩大活动规模,丰富活动内容,提升海图会在台湾出版界和普通民众中的影响力,为推动两岸出版业交流合作和文化入台宣传发挥更好的平台作用。

3.建议进一步加大海图会的经费扶持力度。近年来,海图会的展馆租赁、设计搭建、宣传推介等成本支出,比8年前攀升了一倍多。海图会经费补贴多年来未有增加,承办单位虽加大了自有资金投入,但经费缺口仍然很大,海图会一些更好的创新构想和提升措施未能充分实施和展现,与两岸出版界不断增强的交流需求和上级要求还有较大的差距。鉴于项目长期发展的需要,恳请各级相关部门加大经费扶持力度,使海图会能够持续发展并不断深化。

执笔:汪　凯

时间:2018年9月

Xiangguan Zhengce

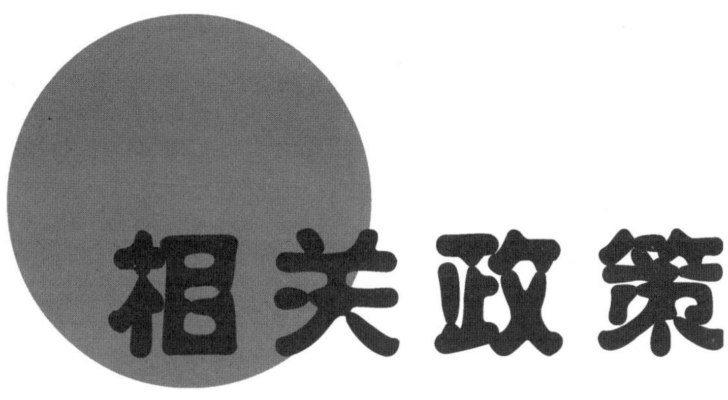

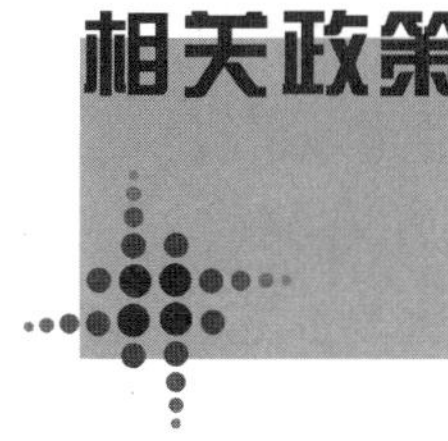

厦门市人民政府关于印发进一步促进文化产业发展补充规定的通知

（厦府〔2018〕91 号）

各区人民政府，市直各委、办、局，各开发区管委会：

现将《厦门市进一步促进文化产业发展的补充规定》印发给你们，请认真组织实施。

厦门市人民政府

2018 年 3 月 26 日

（此件主动公开）

厦门市进一步促进文化产业发展的补充规定

为全面推动我市文化产业进一步发展，在厦门市现有促进产业发展相关政策及促进文化产业发展若干政策（厦府〔2008〕398号）基础上，根据新时代文化产业发展需要，补充规定如下。

第一条 支持文化产业发展展示交流交易平台建设。鼓励文化企业投建文化产业集中展示和交流交易平台（不包括博物馆、艺术馆等文博场馆建设项目），规模达到中等以上的（交流交易平台须达1.5万平方米），给予投建企业场地租金25%的补助，每家企业累计最高不超过200万元。（责任单位：市文发办、市文广新局）

第二条 鼓励分离发展创意设计服务。引导制造业、建筑业等行业的领军企业将创意设计环节分离，设立独立的创意设计企业，推动文化创意和设计服务产业化、专业化、集约化、品牌化发展。经认定为分离设立的创意设计服务类企业（以工商注册为准），其缴纳的年度企业所得税和增值税两税地方留成部分首次超过20万元（含）以上的，奖励20万元；首次超过100万元以上的，奖励100万元。（责任单位：市建设局、市经信局、市文广新局）

第三条 重点培育创新能力强的文化与科技融合发展企业或项目。鼓励文化企业申报高新技术企业，对首次备案为市级高新技术企业的文化企业，给予一次性5万元奖励；对通过国家级高新技术企业认定的市级高新技术文化企业，给予一次性10万元奖励。对国家级、省级立项资助的文化科技融合类项目，给予所获奖金或资助额度50%的配套资助，最高分别不超过500万元（国家级）、100万元（省级）。（责任单位：市科技局、市文广新局、市财政局）

第四条 鼓励文化企业对外兼并重组。我市文化企业兼并重组厦门行政辖区外文化企业所发生的评估、审计、法律顾问等前期费用，按照实际发生费用的50%予以补助，单个项目最高不超过100万元。（责任单位：市文广新局、市财政局）

第五条 支持文化企业赴境内外参加有关文化贸易大型展会。报经市文化行政主管部门审批并统一组织参加由中央和国家部委主办或者副省级以上地方政府主办的文化类展会,或者具有较高知名度和行业影响力的全国性文化类行业专业展会,按照展会层级、影响力及展位面积给予组展单位展位费、布展费、承办费补助,最高每场不超过30万元;参加境外展会的,按照我市开拓国际市场项目扶持规定给予支持。(责任单位:市文广新局、市商务局)

第六条 支持影视产业园区的建设和发展。对以影视拍摄、后期制作为主要业态的综合性产业园区的建设,可以通过“一企一策”方式给予补助。对我市影视产业园区被认定为国家级或省级重点文化产业园区的,分别给予200万元或100万元奖励。(责任单位:市文发办、市文广新局)

第七条 支持引进厦门市行政辖区外的影视企业。境内外影视企业在我市设立具有独立法人资格的公司,自缴税年度起,按其缴纳的企业所得税和增值税两税地方留成部分,给予前2年100%、后3年50%的奖励。(责任单位:市文广新局、市财政局)

第八条 鼓励影视产业园区引进和培育优质的、成长性高的影视企业。对园区新引进的厦门市行政辖区外影视企业,按照新引进企业缴纳的企业所得税和增值税两税地方留成部分的6%,5年内给予园区运营商奖励。(责任单位:市文广新局、市财政局)

第九条 支持在传统平台发行的优秀影视作品。对在福建省立项、备案,且由我市影视企业出品、发行的优秀影视作品,按照以下标准给予我市出品企业奖励:

电影公映票房达3亿元(含)以上的奖励300万元,票房达2亿元(含)至3亿元的奖励200万元,票房达1亿元(含)至2亿元的奖励100万元。

电视连续剧(9集及以上)在中央电视台综合频道(一套)黄金

蓝皮书

时段播出的每集奖励 18 万元；在中央电视台电视剧频道（八套）黄金时段播出的每集奖励 12 万元；在知名的、有影响力的省级上星频道黄金时段播出的每集奖励 6 万元。电视纪录片在中央电视台综合频道（一套）或纪录片频道（九套）黄金时段播出的，每集奖励 10 万元。

对在外省市立项、备案，我市影视企业作为联合出品方，且投资比例占 51%（含）以上、在我市发行的影视作品，按照以上标准减半给予我市出品企业奖励。

原创动漫影视作品的传统平台播出奖励按照我市软件和信息服务业扶持政策执行。（责任单位：市文广新局、市经信局）

第十条 支持优秀影视作品在网络平台播出。对在福建省立项、备案，且由我市影视企业出品、发行的专供网络平台播出的网络电影和网络连续剧，在优酷土豆、乐视网、爱奇艺、搜狐视频、腾讯视频、PPTV 聚力等国内重点网络平台及我市重要新媒体平台首轮播出的电影、电视剧作品，按照应税收入的 3%给予出品企业奖励，最高不超过 50 万元。动漫影视作品的网络平台播出奖励按照我市软件和信息服务业扶持政策执行。（责任单位：市文广新局、市经信局）

第十一条 支持优秀影视作品走出去。对在福建省立项、备案且由我市影视企业出品、发行的影视作品，在境外发行中取得较好成绩的，按照发行实际成交价格的 10%给予出品企业奖励，最高不超过 50 万元。（责任单位：市商务局、市文广新局）

第十二条 奖励优秀获奖作品。对在福建省立项、备案，且由我市影视企业出品、发行的影视作品，获得经批准的全国常设性影视类奖项的，分等次给予出品企业奖励：获得国家“五个一工程”奖的奖励 300 万元；获得金鸡奖、飞天奖、华表奖的奖励 200 万元；获得百花奖、金爵奖、天坛奖、金鹰奖、白玉兰奖等奖项的奖励 100 万元。（责任单位：市委宣传部、市文广新局）

第十三条 支持引进或自主开发影视后期制作技术。对我市影视企业引进或自主开发具有世界领先水平的影视后期制作技术,且为境内外影视制片公司或后期制作公司提供影视后期制作技术支持的,按其技术服务收入企业所得税和增值税两税地方留成部分的60%予以奖励,奖励期限为5年。对我市影视后期制作企业,获得国际、国内重大奖项的,分等次给予制作企业奖励:获得奥斯卡金像奖等国际大奖的,奖励200万元;获得金鸡奖等其他重大奖项的,奖励100万元。(责任单位:市文广新局)

第十四条 支持影视专业人才落户厦门。支持影视编剧、导演、制片人、演员等影视专业人才在我市设立影视企业或工作室,对年缴纳个人所得税达到8万元(含)以上的个人,按个人所得税地方留成部分的一定比例给予奖励,具体为:年纳税额8万元(含)以内的部分,奖励比例为50%;年纳税额超过8万元至25万元(含)的部分,奖励比例为75%;年纳税额超过25万元的部分,奖励比例为100%。奖励期限不超过5年。(责任单位:市文发办、市文广新局、市财政局)

第十五条 加强影视人才培养。鼓励我市院校和教育培训机构开展多形式、多层次和多类型的影视人才培养,鼓励引进具有国际领先水平的影视教育教学资源,通过中外教育机构合作办学、院校与行业机构产学合作等多种途径,探索人才培养新模式。对于优质影视人才培养项目按照"一事一议"的办法给予奖励。鼓励具有行业领先技术水平的影视企业以就业服务为导向开展职业技能培训,学员被录用并签订3年以上劳动合同的,按每位学员2000元给予培训企业补贴。(责任单位:市文发办、市文广新局)

第十六条 支持经认定的厦门市影视产业服务企业为来厦拍摄剧组提供专业化服务。外地影视剧组在厦取景、摄制期间,由经认定的厦门市影视产业服务企业提供协调拍摄场景、服装化妆道具、群演、摄影棚(含道具置景)、影视器材租赁、后期制作等专业服务的，按照厦门市影视产业服务企业提供的专业化服务收入企业所得税和增值税两税地方留成部分的60%给予厦门市影视产业服务企业补贴。（责任单位：市文广新局）

第十七条 支持文化文物单位文化创意产品开发。鼓励具备条件的文化文物单位在确保公益目标、保护好国家文物、做强主业的前提下，依托馆藏资源，采取合作、授权、独立开发等方式开展文化创意产品开发，弘扬中华优秀文化，传承中华文明。将符合条件的文化创意产品开发项目纳入文化产业发展专项资金扶持范围。（责任单位：市文广新局）

第十八条 第二、七、八、十三、十四、十六条的奖励政策，奖励资金由市、区受益财政按体制分别承担。同一企业同一项目按就高原则，不重复享受本政策及其他市级相关扶持政策。企业年度内根据本办法享受的各项税收扶持资金，总额不超过该企业年度对我市的地方级税收贡献，如有超过，递延到以后年度兑现。享受第二条、第七条扶持的企业应在我市持续经营5年（含）以上，对经营期不满5年迁出本市的，要收回已享受的扶持资金。（责任单位：市文发办、市财政局）

本政策自2018年1月1日起施行，有效期5年，由市文发办、市财政局、市文广新局负责解释。

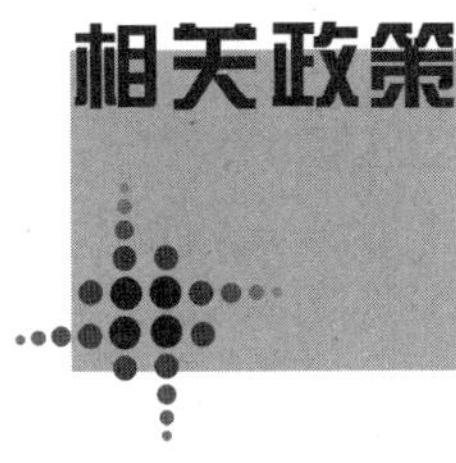

关于印发厦门市市属文艺院团(中心)文化惠民公益性低票价演出考核办法的通知

（厦文广新〔2018〕242 号）

市属文艺院团（中心）：

为深入贯彻落实《中共中央关于繁荣发展社会主义文艺的意见》，进一步深化市属文艺院团（中心）体制机制改革，最大限度调动演职人员积极性，培育院团（中心）多出精品，多出人才，繁荣艺术创作，不断拓展演出市场，推动文化惠民，开展低票价公益性演出，经研究，特制定《厦门市市属文艺院团（中心）文化惠民公益性低票价演出考核办法》。现印发给你们，请认真遵照执行。

厦门市文化广电新闻出版局*
厦门市财政局
2018 年 9 月 4 日

（此件主动公开）

---

* 厦门市文化广电新闻出版局现改名为厦门市文化和旅游局。

厦门市市属文艺院团(中心)
文化惠民公益性低票价演出考核办法的通知

第一条 为深入贯彻落实党的十九大精神,满足人民日益增长的美好生活需要,为人民群众提供丰富的精神食粮,进一步深化市属文艺院团(中心)内部机制改革,最大限度调动演职人员积极性,培育院团(中心)多出精品,多出人才,繁荣发展社会主义文艺,不断拓展演出市场,推动文化惠民,开展公益性低票价演出,结合市属院团(中心)的实际情况,特制定本办法。

第二条 本办法所指公益性低票价演出是指采用政府购买服务的方式,向五个市属院团(中心)购买演出服务,为广大群众特别是基层群众提供免费或低票价的文艺演出。

第三条 公益性低票价演出场次的认定:小白鹭民间舞艺术中心独立完成的舞蹈专场每场不少于 70 分钟,其余院团(中心)独立完成的每场演出时间不少于 90 分钟;演职人员数:厦门歌舞剧院、厦门市金莲升高甲剧团、厦门歌仔戏研习中心达 30 人以上,厦门小白鹭民间舞艺术中心、厦门市南乐团达 20 人以上,可计算演出场次;多个院团(中心)的组台性演出,只计算牵头院团(中心)的演出场次,参与单位不重复计算场次。

第四条 各院团(中心)每年必须首先完成无偿为社会公众提供的基本场次演出,即每院团(中心)每年 15 场。基本场次演出和获得其他财政性补贴的演出以及营业性演出不列入本办法所指的公益性低票价演出补贴范围。

第五条 购买的文化惠民公益性低票价演出场次包括常规场次、非遗保护额外场次和统筹激励场次。

第六条 常规场次。包括每个市属院团常规演出每年 60 场,每场补贴 2 万元;每个市属院团在专业剧院开展大型剧目、交响音乐会演出每年 2 场,每场补贴 6 万元。

第七条 非遗保护额外场次。对市直三个非物质文化遗产剧种剧团(中心)可在确保演出质量的前提下,在每年完成60场任务外增加购买公益性低票价演出非遗保护额外场次,增加场次每团每年30场,每场补贴1万元。非遗保护额外场次下基层场次不少于50%,其中南乐团不少于30%。

第八条 统筹激励场次。统筹激励场次年度55场,其中常规演出50场,每场补贴2万元;大型演出5场,每场补贴6万元。由市文广新局根据每个市属院团的演出质量、努力程度和社会反响情况统筹安排。

第九条 大型剧目和音乐会演出界定的条件:

1. 获得省级及以上舞台艺术专业奖项的优秀剧目;
2. 列入市文广新局历年年度重点创作的剧目;
3. 演员人数超过30人,其中三级以上演员不少于35%;
4. 演出时长超过1.5个小时。

第十条 常规演出采取在院团(中心)各自的剧场定点演出和下基层开展公益演出两种形式。

第十一条 剧场定点演出。各院团(中心)要向社会公开发布演出信息,积极扩大宣传,组织售票,每场演出票价不高于一张50元;每场演出要适当预留部分票用于农民工及其子女、孤寡老人、残疾人、低保对象、福利机构收养的儿童以及现役军人等特殊群体免费赠票,免费赠票通过社区等相关机构或凭相应证件发放。全年每个院团(中心)要保证完成36场剧场定点演出任务。

第十二条 下基层公益演出。各院团(中心)要深入农村、部队、社区、学校、企事业等单位免费或低票价演出,并由接受公益演出的单位组织负责记录统计观众人数、演出内容和形式、演出效果等基本情况并签章确认。市文广新局等职能部门负责随访和抽查有关情况。全年每个院团(中心)下基层演出要保证完成不少于24场。

第十三条 各院团(中心)平均每周为群众提供至少一场剧场

内低票价演出，演出的时间、地点、剧（节）目等内容，提前在市文化部门网站、各院团（剧场）网站、微信公布，在剧场醒目位置用 LED 滚动字幕等方式做好宣传，并可通过报纸、网络（微博、淘宝等）、广播电视等各种新闻媒体广泛宣传。

第十四条 各院团（中心）要通过公益性或低票价演出向民众提供优质文化服务，推出精品剧目，确保演出质量、场次、时长和演员阵容（三级以上演员不少于 30%），提升演出的品牌和知名度，提高观众的吸引力。

第十五条 各院团（中心）要做好每场演出观众组织、演出内容、演出照片、观众评价、票务出售及发放、媒体报道等资料的收集和整理工作，填写《市属文艺院团（中心）公益性低票价演出情况登记表》《市属文艺院团（中心）公益性低票价演出确认单》，每个月形成《市属文艺院团（中心）公益性低票价演出情况汇总表》，每半年分别形成半年和全年的演出工作情况总结。

第十六条 由市文广新局成立公益性低票价演出考核小组，市文广新局作为组长单位，下设办公室，具体跟踪管理市属院团演出场次的日常月场、季场和年场次的收集工作。办公室成员由市文广新局计财处、艺术处和市委宣传部艺术处等部门人员组成。

第十七条 每年上、下半年分两次组成检查组，对市属院团（中心）每半年的低票价演出进行现场检查，查阅相关演出的报表、节目单、演出合同（协议、邀请函）、现场录像或照片，媒体报道等可证明演出的材料，对剧目质量、演出场次、观众人数以及群众评价等绩效进行考评，年终不足 60 场的，在下年度预算中按每场 2 万元标准，进行相应的扣减。绩效考评结果不好或演出质量不佳（如被媒体报道批评的），酌情在下年度预算中扣减补助经费。

第十八条 市文广新局和市财政局适时组织或委托第三方机构对院团（中心）低票价惠民演出情况、资金管理使用情况进行监督检查或绩效评价，检查和评价结果，作为以后年度资金安排的重要参考。

第十九条 本办法由市文广新局、市财政局负责解释。

第二十条 本办法自2018年起执行,有效期三年。

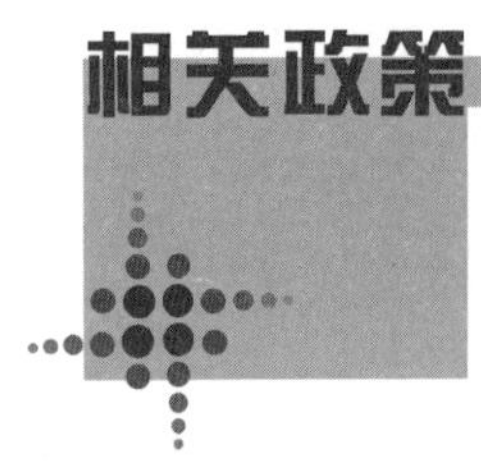

关于印发《厦门市文化产业发展专项资金管理办法》的通知

（厦文发办〔2018〕16 号）

市文化改革发展工作领导小组各成员单位，自贸区管委会、火炬高新区管委会、鼓浪屿管委会，各区委宣传部（文发办）、财政局：

为进一步规范和加强文化产业发展专项资金管理，提高资金使用效益，促进我市文化产业高质量发展，市文化改革发展工作领导小组办公室会同市财政局对《厦门市文化产业发展专项资金管理办法》（厦文发办〔2013〕1 号）进行了修订。经市领导同意，现将修订后的《厦门市文化产业发展专项资金管理办法》印发给你们，请认真遵照执行。执行中如遇问题，请及时反馈。

厦门市文化改革发展工作领导小组办公室

厦门市财政局

2018 年 9 月 19 日

厦门市文化产业发展专项资金管理办法

第一章　总则

第一条　为贯彻落实中共厦门市委、厦门市人民政府《关于加快高质量发展推动“双千亿”工作的实施意见》(厦委发〔2018〕13号)、《厦门市进一步促进文化产业发展的补充规定》(厦府〔2018〕91号),进一步规范和加强厦门市文化产业发展专项资金使用和管理,提高资金使用效益,推动新时代厦门市文化产业高质量发展,根据《中华人民共和国预算法》《财政违法行为处罚处分条例》等法律法规的规定,制定本办法。

第二条　厦门市文化产业发展专项资金(以下简称“专项资金”)每年由市财政预算安排,专项用于支持文化产业发展和文化体制改革。

第三条　厦门市文化改革发展工作领导小组(以下简称“市文发领导小组”)是专项资金管理的领导机构,市文化改革发展工作领导小组办公室(以下简称“市文发办”)负责专项资金的管理和绩效考评工作,市财政局负责将专项资金纳入财政预算,指导和督促有关部门加强财政资金监管。

第四条　专项资金的管理和使用应当符合国家和省市文化产业发展相关政策,坚持把社会效益放在首位、社会效益和经济效益相统一,坚持“科学管理、择优扶重、绩效导向、奖补结合”的原则。

第二章　条件与重点

第五条　申请专项资金扶持的单位应符合以下条件:

(一)在厦门市行政区域内依法登记注册设立,并从事文化相关业务经营管理的单位。

(二)财务管理制度健全。

(三)会计信用和纳税信用良好。

(四)根据有关规定应具备的资格条件。

第六条　申请专项资金扶持的项目应符合以下条件:

（一）符合国家、省、市产业发展政策，有利于厦门市完善文化产业功能布局、属于厦门市“十三五”文化创意产业发展规划和“双千亿”工作等重点鼓励发展的文化产业项目。

（二）发展目标明确，市场前景好、带动能力强、影响力大。

（三）能够引导社会资本进入文化产业领域，明显提升文化产业自主创新能力和市场竞争力，迅速壮大文化产业规模，推动文化产业聚集发展。

（四）可行性报告、设计方案或控制性详规等已经有关部门审核批准，项目已进入实质性开工建设阶段。

（五）申请贴息的项目还贷及时。

第七条 专项资金扶持重点：符合国家统计局《文化及相关产业分类（2018）》（国统字〔2018〕43号）规定的文化产业范围且属厦门市重点扶持发展的文化产业门类：数字内容与新媒体、创意设计、影视演艺、新闻出版、文化旅游、艺术品产业等文化企业或项目以及市文发领导小组确定扶持的重点对象。

第三章 范围与方式

第八条 专项资金的扶持范围包括：

（一）国家级、省级和市级文化产业园区和文化产业示范基地建设。

（二）骨干文化企业（集团）培育。

（三）重点文化改革发展项目建设。

（四）公共技术和服务平台建设。

（五）非物质文化遗产产业化。

（六）培育新兴文化产业业态。

（七）对外文化贸易和重大展会活动。

（八）重大文化产业项目建设。

（九）文化产业人才培养。

（十）影视等文化内容产业原创项目。

(十一)国际、国内重要文化产业奖项表彰。

(十二)市属改制文化经营性单位补充注册资本金、资产评估、财务审计、法律咨询、产业发展等相关支出。

(十三)其他经市文发领导小组确定支持的项目。

第九条 专项资金采取贷款贴息、项目补助、以奖代补和补充国家资本金等方式。

(一)贷款贴息

对符合支持条件的文化企业通过银行贷款实施重点发展项目所实际发生的利息给予补贴,每个项目的贴息年限一般不超过3年,年贴息率按最高不超过当年国家规定的银行贷款基准利率的80%,每年贴息额最高不超过100万元。骨干文化企业(集团)的重点发展项目,可予以重点支持。

(二)项目补助

1. 对文化企业投建文化产业集中展示和交流交易平台的展会,规模达到1.5万平方米以上的,给予投建企业场地租金25%的补助,每家企业累计最高不超过200万元。

2. 对我市文化企业兼并重组厦门行政辖区外文化企业所发生的评估、审计、法律顾问等前期费用,按照实际发生费用的50%予以补助,单个项目最高不超过100万元。

3. 对报经厦门市行业主管部门审批并统一组织参加的文化类展会,根据展会层级按照以下标准给予参展企业展位费、布展费、承办费补助,最高每场不超过30万元。

展位费和布展费补助标准:国家或国家部委主办的展会[illegible]不超过实际发生的80%给予补助;副省级以上政府主[illegible]按照不超过实际发生的70%给予补助;全国行业性[illegible]超过实际发生的50%给予补助。

承办费补助由招展补贴和区域补贴组成。全国行业性[illegible]会,按每个展位给予0.1万元招展补贴;政府主导的展会,按每个展位

检验员 3

给予0.2万元招展补贴，总额最高均不超过3万元（光地面积按$9m^2$/展位折算）。同时，长江以南地区的展会每场补贴1万元，长江以北（含西南）地区的展会每场补贴1.5万元，福建省内（不含厦门）每场展会补贴0.5万元。

4. 对其他符合文化产业发展扶持范围的项目（包括闽台特色文化交流交易活动、文化对外贸易项目、为文化产业发展提供公共服务的平台项目等），可按项目投资额的20%以内给予资助，最高不超过200万元。

5. 对由厦门市范围以外引进至厦门落户的大型文化企业申报的重大项目，可按照重点企业、重大项目的标准给予补助，实行"一项一策"或"一企一策"，由市财政另行安排专项资金予以补助，具体额度由市文发领导小组审定。

6. 市属改制文化经营性单位资产评估、财务审计、法律咨询、产业发展等相关支出，通过"一项一议"方式给予补助。

（三）以奖代补

1. 对获得国际重要文化产业奖项，以及被中宣部（国家电影局、新闻出版署）、文化和旅游部、国家广电总局和商务部等中央和国家部委（不含国家部委所属事业单位或其他行业组织和机构）授予文化产业方面荣誉称号的文化企业，经审核后给予一次性奖励20万元。

2. 对两年一届认定的"市重点文化企业"（文化企业30强和创新成长型文化企业20佳）给予每家企业10万元的奖励。

3. 对我市影视产业园区被认定为国家级或省级重点文化产业园区的，分别给予200万元或100万元奖励；对认定为"市重点文化产业园区"，给予30万元奖励。

4. 对经认定的分离设立的具有独立法人资格的创意设计企业，其缴纳的年度企业所得税和增值税两税地方留成部分首次超过20万元（含）以上的，奖励20万元；首次超过100万元以上的，奖励100万元。

5. 对文化企业申报高新技术企业,首次备案为市级高新技术企业的文化企业,给予一次性5万元奖励;对通过国家级高新技术企业认定的市级高新技术文化企业,给予一次性10万元奖励。对国家级、省级立项资助的文化科技融合类项目,给予所获奖金或资助额度50%的配套资助,最高分别不超过500万元(国家级)、100万元(省级)。

6. 对境内外影视企业在我市设立具有独立法人资格的公司,自缴税年度起,按其缴纳的企业所得税和增值税两税地方留成部分,给予前2年100%、后3年50%的奖励。

7. 对园区新引进的厦门市行政辖区外影视企业,按照新引进企业缴纳的企业所得税和增值税两税地方留成部分的6%,5年内给予园区运营商奖励。

8. 对在福建省立项、备案,且由我市影视企业出品、发行的优秀影视作品,电影按照票房收入给予我市出品企业奖励,最高不超过300万元;电视连续剧按播出频道和时间给予奖励,每集奖励最高不超过18万元。

9. 对在福建省立项、备案,且由我市影视企业出品、发行的专供网络平台播出的网络电影和网络连续剧,按照应税收入的3%给予出品企业奖励,最高不超过50万元。

10. 对在福建省立项、备案且由我市影视企业出品、发行的影视作品,在境外发行中取得较好成绩的,按照发行实际成交价格的10%给予出品企业奖励,最高不超过50万元。

11. 对在福建省立项、备案,且由我市影视企业出品、发行的影视作品,获得经批准的全国常设性影视类奖项的,分等次给予出品企业奖励:获得国家"五个一工程"奖的奖励300万元;获得金鸡奖、飞天奖、华表奖的奖励200万元;获得百花奖、金爵奖、天坛奖、金鹰奖、白玉兰奖等奖项的奖励100万元。

12. 对我市影视企业引进或自主开发具有世界领先水平的影视后期制作技术，且为境内外影视制片公司或后期制作公司提供影视后期制作技术支持的，按其技术服务收入企业所得税和增值税两税地方留成部分的60%予以奖励，奖励期限为5年。对我市影视后期制作企业，获得国际、国内重大奖项的，分等次给予制作企业奖励：获得奥斯卡金像奖等国际大奖的，奖励200万元；获得金鸡奖等其他重大奖项的，奖励100万元。

13. 对影视编剧、导演、制片人、演员等影视专业人才在我市设立影视企业或工作室，对年缴纳个人所得税达到8万元(含)以上的个人，按个人所得税地方留成部分的一定比例给予奖励，具体为：年纳税额8万元(含)以内的部分，奖励比例为50%；年纳税额8万元至25万元(含)的部分，奖励比例为75%；年纳税额超过25万元的部分，奖励比例为100%。奖励期限不超过5年。

14. 对具有行业领先技术水平的影视企业以就业服务为导向开展职业技能培训，学员被录用并签订3年以上劳动合同的，按每位学员2000元给予培训企业奖励。

15. 对经认定的厦门市影视产业服务企业为来厦拍摄剧组提供专业化服务，按照厦门市影视产业服务企业提供的专业化服务收入企业所得税和增值税两税地方留成部分的60%给予厦门市影视产业服务企业补贴。

16. 第4、6、7、12、13、15点的奖励政策，奖励资金由市、区受益财政按体制分别承担。同一企业同一项目按就高原则，不重复享受本政策及其他市级相关扶持政策。企业年度内根据本办法享受的各项税收扶持资金，总额不超过该企业年度对我市的地方级税收贡献，如有超过，递延到以后年度兑现。享受第4、6点扶持的企业应在我市持续经营5年(含)以上，对经营期不满5年迁出本市的，要收回已享受的扶持资金。

(四)补充国家资本金

对市属国有文化企业(含国有控股文化企业)实施股份制改造、对外并购重组可适当补充国家资本金。

(五)其他经市文发领导小组确定的支持方式。

(六)专项资金对同一项目的扶持最长时限一般为2年,最长不超过3年,确需要超过此期限扶持的,由市文化改革发展工作领导小组逐项核准。同一企业同时符合上述奖励条件的,原则上就高不重复执行。

第十条 区级资金配套。鼓励设立区级文化产业发展专项资金,与市级专项资金形成配套。获得市级专项资金支持的,各区可按比例给予相应的配套资助。

第四章 申报与管理

第十一条 市文发办根据年度文化产业发展需要,提出年度专项资金支持重点、支持条件、支持标准、资金管理模式及有关要求等,并发布申报通知。

第十二条 申请专项资金的单位除需报送专项资金申请文件,并提供企业法人营业执照复印件或事业单位法人登记证外,还应提供下列资料:

(一)申请贷款贴息的,需提供相关金融机构已支付融资利息凭证、融资合同、利用融资实施重点发展项目情况说明等。付息凭证须与融资合同所列的项目用途一致。

(二)申请项目补助的,需提供项目可行性研究报告以及相关合同等。

(三)申请以奖代补的,需提供相关文件、主管部门审核证明等。

(四)申请补充国家资本金的,需提供相关经济行为审批文件、企业内部相关经济行为决策文件、中介机构验资报告及审计报告等。

(五)其他相关资料。

第十三条 企业或单位存在下列情况之一的，不予受理申报或补助：

（一）申报项目存在重大法律纠纷的。

（二）因违法行为被执法部门处罚未满2年的。

（三）违反本办法规定，正在接受有关部门调查的。

（四）近2个年度获专项资金补助的项目存在整改事项且被通报的。

（五）近2年内有环境保护不良信用记录，且未采取切实有效改正举措的。

（六）因违法行为被禁止申报财政专项资金的。

第十四条 申报流程

（一）市委宣传部管理的国有文化企业（集团），直接向市文发办申报项目。

（二）归口市文广新局、市经信局、市建设局、市商务局、市市场监督管理局和市会展局等行业管理的文化企业，向相关的行业主管部门申报项目，经各主管部门审核同意后报市文发办。

（三）各区文化企业，向各区委宣传部（区文发办）申报项目，经各区委宣传部（区文发办）审核同意后报市文发办。

第十五条 项目和资金审批流程

（一）市文发办对项目进行复核，并组织市直相关主管部门会审，形成资金安排建议方案。

（二）市文发领导小组审定资金安排方案。

（三）通过市属媒体进行项目公示，公示期限5个工作日。市文发办收集项目公示结果的反馈信息，负责组织对有异议的项目进行调查并提出处理意见和建议。

（四）公示无异议的，由市文发办发布年度扶持项目及金额。

（五）市财政局根据已发布的扶持项目及金额，将项目预算指标下达市文发办和各区财政部门。

(六)文发办和各区财政部门拨付项目扶持资金。

第十六条 资金监管和绩效考评

(一)专项资金预算一经下达,应严格执行。因特殊原因确需调整的,应按照现行财政财务管理规定报批。对因故撤销的项目,项目单位必须做出经费决算上报核批,剩余资金如数退回财政部门。

(二)资金使用单位应切实加强资金管理和规范核算,确保专款专用、专账核算,及时向所属部门和所在区主管部门报送资金使用情况,自觉接受市文发办的监督检查和财政部门的财政检查、审计部门的审计监督。

(三)资金使用单位有虚报、冒领、截留、挪用专项资金的,按照《财政违法行为处罚处分条例》等有关规定对违法行为予以处理,追回已拨付的资金,并视情节轻重予以取消两年内享受专项资金补助的资格,同时将该单位及责任人列入不诚信名单;涉嫌构成犯罪的,依法移送有权机关处理。

(四)建立绩效考评制度。资金使用单位应该开展资金使用绩效考评工作,市文发办组织专项资金的绩效考评检查,主要检查专项资金落实情况,获得专项资金的项目实施产生的经济和社会效益等内容。绩效考评的结果作为以后年度专项资金安排的参考依据。

第五章 附则

第十七条 本办法由市文发办和市财政局负责解释。

第十八条 本办法自2018年1月1日起实施,有效期5年。原市文发办、市财政局印发的《厦门市促进文化产业发展专项资金管理办法》(厦文发办〔2013〕1号)同时废止。

Dashiji

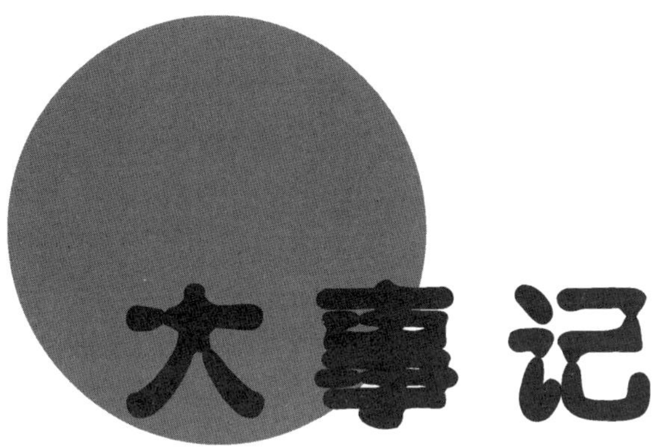

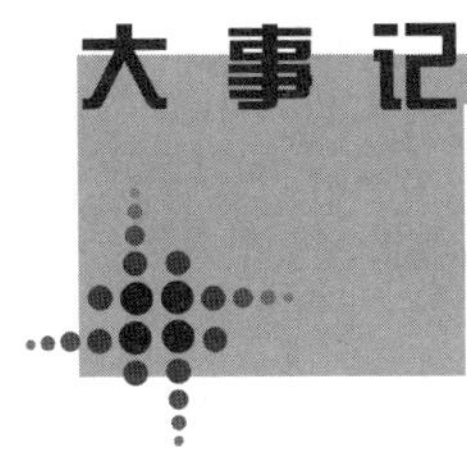

大事记

2018年度厦门市文化改革发展工作大事记

2018年文化改革发展工作大事记

1月

▲1月7日，由厦门文广影音有限公司、海沧电视台、央视纪录国际传媒有限公司联合摄制的大型人文历史纪录片《海洋赤子——周起元》登陆央视纪录频道全球首播，厦门卫视同步播出。

▲1月9日，厦门市湖里区文体出版旅游局和区财政局联合制定出台了《湖里区文艺发展扶持奖励办法（试行）》。

2月

▲2月1日，为积极响应软件企业和人才的诉求，简化人才定

蓝皮书

义、方便政策兑现，修订发布《厦门市软件和信息服务业人才计划暂行办法》（厦经信软件〔2018〕33号）。

▲2月12日，集美区出台《集美区扶持重点产业企业人才暂行办法》。

3月

▲3月22—26日，厦门市文广会展有限公司受厦门市文发办委托，组织了厦门美图网科技有限公司、厦门欣欣之成智能科技有限公司等10家知名文化企业亮相温州文博会，展示了厦门文化产业发展成果，宣传推介了第十一届海峡两岸（厦门）文博会，加强了厦门与各省市的文化交流与合作，取得了较好的成效。

▲3月26日，厦门市为全面推动文化产业进一步发展，在现有促进产业发展相关政策及促进文化产业发展若干政策（厦府〔2008〕398号）基础上，根据新时代文化产业发展需要，出台《厦门市进一步促进文化产业发展的补充规定》（厦府〔2018〕91号）。

▲3月30日下午，2017年厦门文化产业年度风云榜颁奖仪式暨风云榜5周年文创发展论坛在联发华美空间时尚馆举行。现场颁发五大类、39个厦门文化产业的年度奖项，以表彰2017年度在厦门文化产业发展中表现卓越的人物、企业、品牌活动等。同期公布了2017年厦门文化产业年度十大事件。厦门市委常委、宣传部部长叶重耕，湖里区委书记林建，厦门日报社总编辑江曙曜，市委宣传部副部长、厦门市文化改革发展工作领导小组办公室主任戴志望，湖里区委常委、湖里区宣传部部长丁红斌等出席了活动。风云榜5周年发展论坛特别邀请上海社会科学院文化产业研究中心主任花建做主旨演讲，并与来自海峡两岸的嘉宾一起探讨中国文化产业在新的历史条件下的新机遇。

▲3月，厦门市建设局举办第九届“全球建筑大师论坛”，邀请台湾建筑大师姚仁喜作大型学术报告，逾800名业内外人士到会聆听。

▲3月，厦门市同安区与厦门理工学院文化产业与旅游学院合作，开展同安区文化产业发展情况课题调研。11月，完成《同安区文化产业政策咨询报告》。

4月

▲4月13日，2018海峡两岸新经济(区块链应用与前景)论坛在厦门国际会展中心召开。该论坛由海峡导报社、厦门文广会展有限公司主办，企通宝集团、创客猫联合主办。来自北上广深，以及台湾等全国各地区块链应用前沿的近千位企业家代表出席活动。

▲4月17—22日，海峡工艺精品奖台湾巡展活动在台北当代工艺设计分馆举办。本次巡展以“韵·东方”为主题，主要展示海峡工艺精品奖两岸获奖作品代表作，呈现当代大师的工艺技艺新境界，推动两岸工艺产业资源整合与优势互补，为两岸文化与产业交流搭建了重要平台。“海峡工艺精品奖”是两岸合办的极具含金量的工艺美术奖项，由中国工艺美术学会、台湾工艺之家协会、海峡两岸文博会组委会办公室联合主办，由两岸权威性机构共同制定评审规则、组织、评选、颁奖，创新性整合了两岸工艺评奖系统，开创了两岸评奖新模式。

5 月

▲5 月 20 日，闽台地方戏《阿搭嫂》在第 12 届中国艺术节上惊艳亮相，赢得社会各界广泛关注和业界专家好评。该剧是厦门市文化部门为推进两岸文化交流合作融合的创新成果剧目，由厦门市金莲升高甲剧团和台湾戏剧学院青年剧团合作演出，将高甲戏、客家戏和歌仔戏 3 个传统戏曲剧种创造性融合，成为两岸艺术界探索合作的成功范例，国台办发言人马晓光称其是闽台地方戏曲艺术融合发展的一次有意义的尝试。

▲5 月 25—28 日，2018 艺术厦门国际博览会在厦门国际会展中心开幕。参加开幕式的有各界领导、策展人、艺术家、收藏家、知名企业家等。市委常委、宣传部部长叶重耕敲锣并宣布开幕。本届艺博会为期 4 天，主题是共建城市艺术生态系统，展会面积达 2.1 万平方米，分为公共艺术区、当代艺术展区和经典艺术展区，共展出 11 个国家和地区、200 多家中外艺术机构、上千位世界范围内首屈一指的艺术家的上万件最新力作。

▲5 月 26 日，厦门市文发办和艺术厦门组委会联合主办的 2018 艺术厦门高端艺术产业发展座谈会在会展中心举行。座谈会由中国国家画院研究员、凤凰卫视高级策划王鲁湘主持。座谈会嘉宾有海军政治部文艺创作室副主任邹立颖，中国国家画院常务副院长卢禹舜，北京市文化产权交易中心中国书画艺术品交易平台董事长包德志，中国人民大学文学院教授、策展人、批评家夏可君，台湾画廊协会理事长钟经新，澳大利亚大洋洲文联主席傅红等来自海内外的知名艺术家们。艺术家们围绕“共建城市艺术生态系统”的主题积极建言献策，提出了很多宝贵意见与建议。市委宣传部副部长、市文发办主任戴志望，市文广新局副局长、市文联、

市规划委和市发改委等单位的领导和相关负责人参加了座谈会。

▲5 月，厦门市同安区文联以“富美同安新时代”为主题，选送近百幅同安农民画作品在 2018 年艺术厦门国际博览会期间进行展览，加深推广本土非遗文化产业化发展。

▲5 月，举办“富美同安”全省摄影大赛，收到省内外参赛作者 266 人作品 4205 幅，创下同安区有史以来摄影比赛之最。

6 月

▲6 月 5 日，由厦门文广影音有限公司、海沧电视台、央视纪录国际传媒有限公司联合摄制的大型人文历史纪录片《海洋赤子——周起元》入选国家广电总局评选的 2018 年度优秀国产纪录片库。

▲6 月 13 日，厦门文广影音有限公司旗下厦门冉冉昇起影业有限公司主投现实主义农村英模剧《太行赤子》登陆中国中央电视台综合频道（CCTV-1）播出，获得在播出期间同级别频道、同时段播出剧中排名第二。该剧以李保国教授为原型，生动讲述以李保国教授为代表的科技工作者，运用所掌握的科学技术，辛勤付出、无私奉献，帮助生活在太行山深处的千家万户摆脱贫困的事迹。

▲6 月 14 日，商务部、中央宣传部、文化和旅游部、国家广播电视总局共同认定并发布了首批国家文化出口基地公示名单，中国（福建）自贸试验区厦门片区成为全国 13 个入选基地之一，是福建唯一一个入选基地。

▲6 月 15 日，2018 创客中国高峰论坛在亚洲消费电子展（CES Asia）期间举办。本次峰会由工业和信息部信息中心、厦门文广传媒集团主办，厦门文广会展有限公司、北京工信梦创和小样青年社区联合承办，中国工程院院士郭重庆、工业和信息化部信息

中心总工程师童晓民、美国消费技术协会技术政策副总裁Douglas Johnson、工业和信息化部科技委副主任、创客中国大赛专家组组长徐步荣等出席活动并做重要发言，本论坛得到了亚洲消费电子展组委会的大力协助和认可。

▲6月25—29日，厦门市委宣传部会同市委组织部在上海复旦大学新闻学院培训基地举办了“发挥自贸区优势、增强政策驱动力、促进文化产业高质量发展”专题培训班。市文化改革发展工作领导小组相关成员单位、各行政区、部分企事业单位、主要文创园区和重点文化企业相关负责人共37人参加培训。

▲6月，厦门市思明区委、区政府积极响应海峡论坛号召，以弘扬发展郑成功文化，深化两岸互动交流为宗旨，举办郑成功文化节。该项活动自2009年起，已连续举办多届。活动影响力不断提升，实效性不断增强，已成为国台办、文化部重点规划对台交流项目和海峡论坛的重要配套活动。

▲6月，同安吕实力芗剧演出团大广弦说唱《闽南人讲闽南话》荣获“厦门市首届歌仔说唱征文与展演比赛”展演一等奖。

▲6月，青创先锋汇在厦门举办。该活动由福建省人民政府台湾事务办公室、厦门市人民政府台湾事务办公室、海沧台商投资区管委会、旺旺中时传媒集团主办，厦门海投集团、厦门文广传媒集团承办，厦门海投供应链运营有限公司、厦门文广会展有限公司执行。活动旨在聚焦两岸青年创新创业，以两岸青年为主要参与群体，以创意展览、创业大赛以及创新交流论坛等活动内容为主，为两岸青年的创业就业激发新活力，创造新机会。

▲6月，第十届海峡论坛在福建举办。本届论坛紧紧围绕“扩大民间交流、深化融合发展”的主题，开展内容更加多元、形式更加丰富、参与更加广泛的交流活动。期间开展为期7天跨福建4地的闽台电影周活动，精心打造“闽台电影合作交流研讨会”“闽台电影周开幕式暨首映礼见面会”“光影荟·闽台优秀电影展映”等系

列精彩活动，旨在汇聚两岸电影资源，打造两岸品牌活动，构建电影文化交流新平台，促进两岸电影文化的交流与合作。

7月

▲7月5日，厦门市政府常务会议审议通过《三家国有电影企业整体划转改制与重组实施方案》。

▲7月21—22日，由厦门市思明区委宣传部指导，思明区文化体育出版局主办，思明区文化馆承办，厦门市南乐团、市南乐研究会协办，厦门文广会展有限公司、厦门卫视《斗阵来看戏》栏目执行。以南音大会唱活动为契机，吸引海外各大南音社团共襄盛会，以弦会友，共叙乡情，壮大南音队伍，共同保护与传承世遗南音。

▲7月27日，2018年“中国互联网企业100强”发布会在厦门举办，这是该会议6年来首次在首都以外的城市举办。会议有效地增强了厦门市政府和企业与“中国互联网企业100强”的联系和互动，为后续的招商工作和项目合作提供了较大的便利。

▲7月31日，厦门市政府庄稼汉市长召开专题会，研究国家文化出口基地建设方案和配套扶持政策，并作出重要指示。

▲7月，厦门市同安区举办福建省第二届国展获奖书家书法作品邀请展。

▲7月，厦门市同安区制定出台《同安区优秀传统文化传承发展工程实施意见》，实施历史文化遗存保护建设行动、历史名人文化传承创新行动、革命历史文化挖掘传承行动、区域特色文化传承发展行动、对台对外文化交流互鉴行动、优秀文化人才扶持培养行动等“六大行动”。

▲7月，厦门市同安区启动同安区民俗文化基地评选工作。

▲7月，厦门市同安银安堂南乐研究会芗曲说唱《乡村美》荣

获第三届福建省曲艺“丹桂奖”少儿大赛二等奖。

8 月

▲8 月 8 日，《海西晨报》转型改版启动。《海西晨报》此次改版，是通过缩减纸媒刊期，调整力量加强移动媒体建设，从以报纸为主向以移动媒体优先、纸媒与移动媒体全面融合的新型主流媒体发展，实现媒体、业务、组织形态的转型。

▲8 月 19—20 日，“未来 · 影响力”2018 创客中国产业投资峰会暨“创客中国”“互联网＋”大数据创新创业大赛总决赛在厦门集美举办。该活动由工业和信息化部指导，工业和信息化部信息中心、集美区人民政府、厦门火炬高技术产业开发区管委会及厦门文广传媒集团联合主办，厦门文广会展有限公司、厦门小样青年社区联合承办。

▲8 月 21 日，厦门文创季——“承艺复兴”首届厦门好创意设计大赛暨第五届(2018)福建文创奖推荐活动工作动员会召开，各区委宣传部文发办、自贸区管委会、火炬高新区管委会、鼓浪屿管委会、市文广新局、市教育局，文化产业园区，以及相关行业协会相关负责人参加会议。本次大赛以承艺复兴为主题，由赛事、市集、展览 3 个部分组成，由文创旅游产品、新生手工艺品及数字多媒体产品为征集主体，并联合新锐设计师、设计机构、文化企业文创协会、高校等力量，在办好赛事的同时，切实推动手艺传承产业创新发展。

▲8 月 22 日，厦门市“中国软件特色名城”创建工作顺利通过工信部实地评估。

▲8 月，厦门市同安区举办 2018 海峡两岸禅文化节，开展书画、楹联征集，书法笔会，两岸名家艺术交流，书画认捐公益助学等

一系列活动，推动闽南宗教文化旅游核心区建设发展，实现了在保护中发展、在发展中保护的良性循环。

▲8 月，厦门市同安区制定下发《同安区党政机关新闻发布工作规定》，推进新闻发布工作制度化、规范化。

9 月

▲9 月 4 日，厦门市国家文化出口基地工作领导小组成立，倪超常委任组长、韩景义副市长为副组长，宣传、商务、文化等多部门参加。

▲9 月 4 日，《厦门自贸片区国家文化出口基地建设方案》正式印发，并于 9 月 6 日正式上报国家商务部。

▲9 月 7 日，厦门文广影音有限公司在厦门市海沧区举行纪录片《南侨诗宗——邱菽园》开机仪式，该片在展示中华传统文化的强大魅力的同时，表现了海外华人华侨的爱国情怀。

▲9 月 8 日，湖里区政府、厦门报业传媒集团、联发集团、杭州西泠印社集团 4 方签订携手打造湖里区重点文化项目“西泠艺苑特区 1980 苑”项目合作意向。

▲9 月 18 日，厦门市文发办和市统计局联合在厦门宾馆举办厦门市文化产业统计业务培训班。本次培训会，邀请省统计局专家解读了 2018 年版的文化及相关产业分类标准及具体认定工作，市统计局对文化产业统计工作做了具体部署。市文广新局、市经信局等行业主管部门，市自贸区管委会、火炬管委会，各区统计局、各区文发办、各镇街道等负责文化产业的 120 多名工作人员参加培训。

▲9 月 20—21 日，由北京市文化创意产业促进中心主办的“华夏银行杯”2018 北京文化创意大赛全国总决赛在北京举行。

云轩乐（厦门）文化创意有限公司的云轩乐传媒和厦门市女帝信息科技有限公司的视频兔兔荣获2018北京文化创意大赛全国总决赛组委会特别奖。

▲9月21日，为进一步规范和加强厦门市文化产业发展专项资金使用和管理，提高资金使用效益，推动新时代厦门市文化产业高质量发展，厦门市文发办会同市财政局公布了新修订的《厦门市文化产业发展专项资金管理办法》（厦文发办〔2018〕16号）。

▲9月27日，厦门博乐德艺术品保税共享平台揭牌仪式暨"永不落幕的博览会"开幕展在中国（福建）自由贸易试验区厦门片区举行。厦门博乐德艺术品保税共享平台是一个集拍卖、展览、仓储、金融于一体的服务平台，旨在以保税搭建平台，以艺术接轨世界。

▲9月27日，厦门自贸片区内首个高端艺术品公共服务平台——博乐德艺术品保税平台正式开业。

▲9月30日，海丝艺术品中心成功举办"海上共明月——首届厦门海丝艺术品中心公共艺术展"，活动累计吸引观展人数超过1.5万人次。

▲9月，厦门投洽会期间，签订合兴包装供应链平台及结算总部项目、厦门趣店科技有限公司、厦门红树林旅业有限公司、禾丰（五峰）农业文旅生态园等4个市级重大文化产业项目，以及厦门市快游网络科技有限公司、杭州宽行文化传媒有限公司、博盟体育产业项目等3个一般性文化产业项目。

▲9月，华强方特东方神画酒店项目动工建设。

10月

▲10月12—15日，第四届中国"互联网+"大学生创新创业

大赛举行。该大赛是由教育部等有关部委主办的国家级赛事，由厦门文广会展有限公司为本届赛事打造的“创客秀”活动，为参赛团队提供一个充分展示项目和能力的平台。

▲10月22日—11月5日，由原福建省新闻出版广电局、中国电影制片人协会指导，中共集美区委宣传部、厦门文广传媒集团主办，厦门市影视产业服务中心承办，中国电影网、集美街道办事处协办的“预见·随行”2018中国影视基地峰会在集美举办。此次峰会包含了2018年中国影视基地峰会论坛、福建省影视产业基地联盟联展、福建省影视拍摄外景地采风等精彩活动。

▲10月22日，厦门火炬高新管委会印发了《厦门火炬高新区管委会关于进一步加大高层次创业人才引进培育力度的意见》的通知（厦高管〔2018〕171号）。

▲10月27日，2018首届厦门·思明文物传承暨“寻根厦门记忆·守护思明文物”行动2周年活动开幕。本次活动由厦门市思明区文化体育出版局主办，厦门文广体育有限公司、故宫鼓浪屿外国文物馆承办，以“奔跑中，寻找城市记忆”为主题，旨在打造一场具有文化认同感的跑步之旅，号召公众关注及保护珍贵文物古迹，用脚步丈量城市历史，打造全民守护历史记忆的社会正能量。

▲10月27日，厦门市委常委、宣传部部长叶重耕宣布厦门日报社“工商银行杯”第十八届读者节暨首届嘉庚文化周启动。市人大常委会副主任刘育生、市政协副主席黄学惠、中国报业协会秘书长胡怀福、厦门企业和企业家联合会副会长吴小敏等出席开幕式。逾十万市民读者嘉宾欢聚白鹭洲，活动内容精彩纷呈，市民商家参与度高。

▲10月，同安区启动电影公司改革工作，拟将同安区电影发行放映公司整体划入厦门同安国有资产投资有限公司。

▲10月16—23日，第二届东南亚中国图书巡回展在泰国、柬埔寨、老挝、缅甸4国举办。吸引境内外85家出版机构参展，参展

图书共计8000多种,32800余册;举办中外版权对接洽谈活动48场次,达成图书版权出口意向368项,进口版权10项。

11月

▲11月1日,厦门万仟堂艺术品有限公司设计总监蔡万涯设计的《盖世一品·茶席》荣获第十一届中国陶瓷艺术大展金奖。

▲11月2日,国家文化出口基地扶持政策及其申报指南正式印发,并在第十一届文博会期间举行政策发布会。

▲11月2日,丹溪映画与央视纪录国际传媒合拍纪录片《美丽南洋》举行开机仪式。

▲11月2—5日,第四届"两岸·映像纪"影视专场活动延续"两岸·映像纪"的概念,将影视作为重点板块呈现,再次打造全民光影盛事。在往届的基础上,以主、分会场的形式呈现更多精彩内容。

▲11月3日,全球第三家、亚洲第二家红点设计博物馆在厦门正式开馆。德国红点奖机构创始人兼主席彼得·扎克教授出席了开幕式并剪彩。红点设计博物馆改建自原厦门高崎机场第二航站楼,面积达10000平方米,主要由展览空间、红点设计沙龙、红点设计学院和设计图书馆组成。它也是目前为止唯一一座完整汇集红点设计大奖3大奖项获奖作品的红点设计博物馆。

▲11月4日,"第五届海峡两岸大学生文创论坛"在厦门会展中心举行。本届论坛是国台办2018年对台交流重点项目——"第五届海峡两岸大学生创意文化节"的重要组成部分。来自两岸的专家学者、青年代表,以"与你一起实现梦想"为主题,围绕两岸大学生文化创意设计、实践、合作等方面,进行了文创思维的零距离碰撞。

▲11 月 5 日，为期 4 天的第十一届海峡两岸（厦门）文化产业博览交易会（以下简称“海峡两岸文博会”）在厦门国际会议展览中心圆满闭幕。本届海峡两岸文博会由中共中央台办、文化部、国家新闻出版广电总局主办，福建省人民政府、厦门市人民政府、台湾亚太文化创意产业协会承办，厦门广播电视集团、厦门文广传媒集团有限公司、厦门文广会展有限公司运营。文博会期间，主会场举办了会议研讨、项目对接、签约交易、创意交流等 35 项活动，分会场举办了 142 个主题文化活动。

▲11 月 10 日，金鸡百花厦门之夜在佛山举行。本次活动由中国金鸡百花电影节组委会、厦门市人民政府主办，厦门市文化改革发展工作领导小组办公室、厦门广播电视集团承办，厦门文广传媒集团有限公司等单位执行。通过本次活动正式向全世界宣布 2019 年中国金鸡百花电影节将在厦门举办，为下届电影节预热。

▲11 月 11 日，厦门文广影音有限公司旗下厦门冉冉昇起影业有限公司参投的网剧《我的保姆手册》在优酷平台独家播出。该剧总播放量达到 17.3 亿次。

▲11 月 23 日，2018 海峡书画艺术产业博览会在厦门美术馆开幕，涵盖海峡两岸产业界和“一带一路”沿线国家的近百家展商，为两岸艺术爱好者带来一场书画艺术盛宴，也为两岸业界开启一个年度交流平台。厦门市委常委、宣传部部长叶重耕，西泠印社集团副总经理方玲琅，中国文房四宝协会副会长、安徽宣砚文化有限公司董事长黄太海，台湾艺术大学名誉教授、台湾历史博物馆原馆长、台湾艺术大学校长黄光男等嘉宾出席开幕式。

▲11 月 24 日，由厦门文广影音有限公司、海沧区广播电视台、央视纪录国际联合摄制的《海洋之子——周起元》荣获第 24 届中国纪录片长片“十佳作品”奖。

▲11 月 24—28 日，厦门国际会展周举行。来自海内外 20 多个国家和地区的会展机构与企业来厦交流合作，共话中国城市会

蓝皮书

展营销新趋势。

▲11月27日，由厦门市委宣传部指导，海沧区委宣传部主办，海沧区广播电视台承办的2018海沧微故事第一季“我在海沧等你”首映仪式暨第二季“新时代·新海沧·新故事”微视频征集活动启动仪式在厦门沧江剧院举行。

▲11月28日，厦门文广影音有限公司策划制作的大型系列原创微纪录片《精彩闽南》第二季《光辉岁月》开播。该系列以厦门改革开放40年为主题，选取厦门40年发展历程中的重大项目、重大工程、重大事件、重要节点、重要成就，每集讲述一至两个人物的改革开放故事，以小见大，从点到面，带出厦门40年的发展脉络和发展成就。

▲11月28日，由厦门自贸片区管委会作为指导单位的“首届海峡两岸大学生文化衍生品设计大赛(犀牛奖)”正式启动。

▲11月30日—12月2日，2018中国厦门国际乐器展览会在厦门会展中心举行。本届乐器展由厦门市委宣传部指导，音乐厦门组委会、厦门市文发办、厦门日报社、厦门会展集团联合主办，厦门报业传媒集团和厦门会展金泓信共同承办。展会规模近万平方米，齐聚河北衡水、浙江洛舍、福建漳州三大国内重点乐器产业基地，云集海内外近百家展商，覆盖键盘乐器、管弦乐器、弹拨乐器等全品类乐器，更有国际级名家大师音乐表演与各类配套活动，为展商、客商奉上一场高品质音乐乐器盛宴。

▲11月，厦门市同安区修订印发了《同安区文化产业发展专项资金管理暂行办法》(同委宣〔2018〕36号)，制定《同安区文化创意产业实施细则》，聚焦重大文化、体育、旅游产业项目和活动，坚持发挥好文化产业专项资金效益原则，助推同安区文化产业做大做强。

12 月

▲12月4日，福建省文化改革发展工作领导小组公布了2018年度福建省文化企业十强和提名企业及最具成长性文化企业名单。厦门外图集团有限公司、4399网络股份有限公司和厦门吉比特网络技术股份有限公司获2018年度福建省文化企业十强称号，厦门大学出版社有限责任公司、华夏文化旅游集团（厦门）有限公司和华强方特（厦门）文化科技有限公司获2018年度福建省文化企业十强提名奖。厦门美柚信息科技有限公司、厦门十点文化传播有限公司、厦门旷盛文化传播有限公司、厦门一品威客网络科技股份有限公司、厦门文广影音有限公司、厦门市天视文化传媒股份有限公司和厦门保利剧院管理有限公司被授予2018年度福建省最具成长性文化企业称号。此次评选，厦门市共计13家文化企业入选，占全省入选企业总数的近四成。

▲12月4日，厦门天诺设计顾问有限公司设计总监孙建华获得亚太酒店设计协会（APHDA）“年度十大影响力人物”称号。

▲12月10日，2018厦门苏颂国际文化节在同安举行。本届文化节以“海丝先贤·泽被世界”为主题，旨在从源头上追溯、厘清苏颂与“海上丝绸之路”的渊源。

▲12月10日，厦门文广影音有限公司策划制作的大型电视纪录片《蜕变》在厦门卫视、厦门电视台综合频道首播，平均市场份额11.04%，同时在新浪微博、今日头条、腾讯视频、看厦门APP、Facebook、YouTube等新媒体平台上线，全网播放量达到728万次。该片紧紧围绕“变”字，叙述厦门改革开放历程中的重大节点、重大事件、重大项目和重要难题。

▲12月19日，由厦门市委宣传部、厦门市文广新局主办的庆

祝改革开放40周年音乐会——《厦门交响曲》在闽南大戏院举行。演出共分为“海之梦”“鹭之舞”“梅之傲”“榅之恋”“人之梅”5个篇章。演出以交响音画形式展现，综合运用多媒体等舞台手段，在大屏幕上全景式展现厦门经济特区建设发展波澜壮阔的历史画卷。

▲12月19日，由厦门籍青年导演、编剧邵大卫拍摄制作的年度悬疑佳作《夜魔奇案》在厦门举办首映及主创见面会。该电影于12月21日在全国院线上映。《夜魔奇案》曾获北美四大影展——美国纽约冬日电影节（WFA）“最佳悬疑长片”，美国顶级独立电影节（IFA）“最佳影片”“最佳艺术指导”，美国加州电影节（CFA）“最佳外语片”，好莱坞国际电影节（HIMPFF）“最佳影片”等奖项，备受业界认可。

▲12月20日，厦门市委常委、宣传部部长叶重耕和副市长国桂荣主持召开市文化改革发展工作领导小组专题会议，研究审议了2018年度市文化产业发展专项资金安排方案、2018—2019年度厦门市文化企业30强和创新成长型文化企业评审结果、《厦门市文化发展改革3年行动计划（2018—2020）》等事项。

▲12月21日，厦门市文化改革发展工作领导小组公布了2018—2019年度厦门市文化企业30强名单以及创新成长型文化企业名单。

▲12月22日，万事集首个实体空间在厦门五缘湾天虹购物中心落地。万分一是由厦门文广会展有限公司运营的集合内容服务＋品牌产品＋线下运营为一体的新零售消费平台，汇集了极具创意与市场潜力的文创产品，万事集为万分一的线下美学空间品牌，结合市集、展览、互动、手艺体验课程，打造文创X生活美学的主题街区品牌。

▲12月24—29日，“影载中华情，圆梦新丝路”2018金鸡国际影片展映与交流研讨会在厦门大学举行。该活动由中国电影家协会、中国文联电影艺术中心主办，中国电影家协会海峡两岸电影工

作交流委员会、福建省电影家协会、厦门大学人文学院、厦门大学影视协会、厦门市电影家协会和厦门市人民剧场承办。

▲12月25日，厦门市制定出台《厦门市人民政府关于加快推进软件和信息技术服务业发展的意见》（厦府〔2018〕374号）。

▲12月，同安区启动叶拱南故居修缮项目，以叶拱南故居为核心，策划打造珠光青瓷陶瓷文创中心，推动北部地区特色文化旅游产业发展。

▲12月，同安区融媒体中心挂牌成立，按照“统一指挥、统一策划、多次生成、资源共享、多平台发布、多层次传播”的思路，构建新闻发布中央厨房，融合新闻采编、舆情管控等业务，定期召开驻同安媒体记者联席会，打造立体式宣传矩阵。

▲12月，同安区吕实力芗剧演出团编排、演出的剧目《贤相苏颂》荣获第七届福建艺术节·第27届戏剧会演剧目奖三等奖。

Tongji Ziliao Yu Fenxi

统计资料与分析

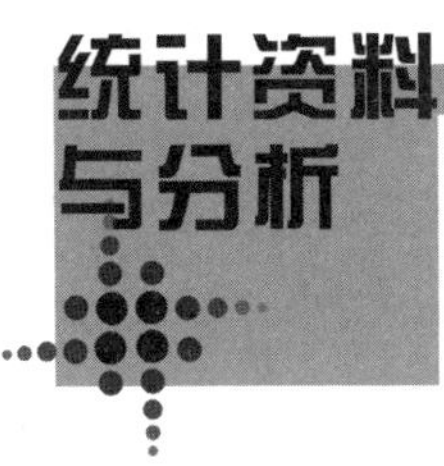

2018年度福建省文化企业10强和提名企业及最具成长性文化企业名单

（厦门市）

一、2018年度福建省文化企业10强

厦门外图集团有限公司
4399网络股份有限公司
厦门吉比特网络技术股份有限公司

二、2018年度福建省文化企业10强提名

厦门大学出版社有限责任公司
华夏文化旅游集团（厦门）有限公司
华强方特（厦门）文化科技有限公司

三、2018年度福建省最具成长性文化企业

厦门美柚信息科技有限公司
厦门十点文化传播有限公司
厦门旷盛文化传播有限公司
厦门一品威客网络科技股份有限公司
厦门文广影音有限公司
厦门市天视文化传媒股份有限公司
厦门保利剧院管理有限公司

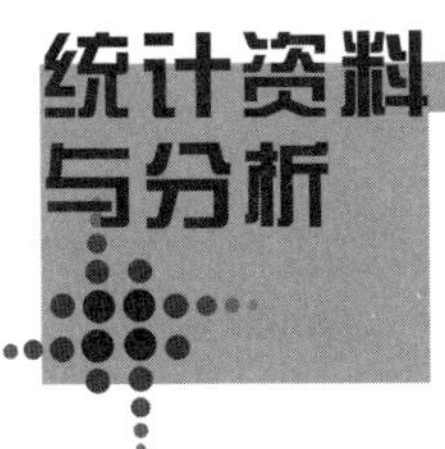

2018—2019年度厦门市文化企业30强和创新成长型文化企业名单

蓝皮书

2018—2019年度厦门市文化企业30强名单

（排名不分先后）

一、内容创作生产类企业

1.厦门吉比特网络技术股份有限公司
2.4399网络股份有限公司
3.趣游(厦门)科技有限公司
4.天翼爱动漫文化传媒有限公司
5.厦门翔通动漫有限公司
6.厦门极致互动网络技术股份有限公司
7.厦门多想互动文化传播股份有限公司
8.花火(厦门)文化传播股份有限公司
9.厦门新游网络股份有限公司
10.福建鹭江出版社有限责任公司

11.厦门大学出版社有限责任公司
12.厦门航空文化传媒有限公司

二、创意设计服务类企业

13.厦门美柚信息科技有限公司
14.厦门智顶互动传媒股份有限公司
15.厦门大雅传奇文化传播有限公司
16.厦门市天艺传媒股份有限公司
17.厦门中建东北设计院有限公司
18.厦门万仟堂艺术品有限公司
19.厦门风云科技股份有限公司
20.厦门会展集团股份有限公司
21.厦门会展金泓信展览有限公司
22.厦门文广会展有限公司
23.厦门威扬广告有限公司

三、文化传播渠道类企业

24.厦门外图集团有限公司

四、文化投资运营类企业

25.厦门联发商置有限公司

五、文化娱乐休闲服务类企业

26.铂爵旅拍文化有限公司
27.华夏文化旅游集团(厦门)有限公司
28.厦门灵玲演艺有限公司

六、文化制造类企业

29.厦门合兴包装印刷股份有限公司
30.厦门强力巨彩光电科技有限公司

2018—2019 年度厦门市创新成长型文化企业

（排名不分先后）

1.厦门美图网科技有限公司
2.厦门十点文化传播有限公司
3.华侨城天视文化集团股份有限公司
4.厦门飞博共创网络科技股份有限公司
5.厦门文广影音有限公司
6.厦门创想无限信息科技有限公司
7.厦门大洲影视文化发展有限公司
8.厦门一品威客网络科技股份有限公司
9.厦门淘金互动网络股份有限公司
10.厦门西岐网络股份有限公司
11.厦门图特动漫科技有限公司

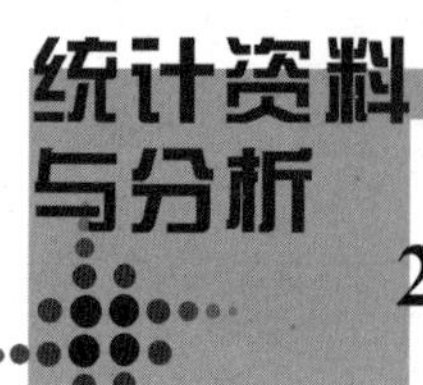

2018年福建省规模以上文化产业法人单位基本情况一览表

2018年福建省规模以上文化产业法人单位基本情况一览表

项目	法人单位数（个）	从业人员期末人数（人）	资产总计（万元）	营业收入（万元）	主营业务收入（万元）	税金及附加（万元）	主营业务税金及附加（万元）	营业利润（万元）	利润总额（万元）	应交增值税（万元）
总计	3332	467335	30327469	43706653	43275725	270254	208214	3509302	3546452	727642
福州市	817	120601	8992661	9459216	9329553	60485	35508	623192	630891	207210
厦门市	451	70844	8325198	7541952	7410475	34699	12658	531266	548028	106367
莆田市	486	38402	1981043	5322506	5267880	39968	37056	451949	449604	72198
三明市	163	13340	705874	1690832	1687907	4536	3855	86065	85880	11305
泉州市	634	145946	5619683	12965863	12928252	93204	90428	1075802	1077930	203090
漳州市	280	37583	2629222	3671826	3630443	16167	13144	501628	506983	64417
南平市	157	22154	780290	1535712	1528686	10811	9655	100731	105943	39049
龙岩市	190	10863	932902	1148442	1124815	7401	4163	112604	113623	17521
宁德市	154	7602	360596	370304	367715	2983	1748	26065	27570	6486

2018年厦门市规模以上文化产业发展情况分析

◎ 厦门市统计局

2018年，厦门市加快推动文化产业高质量发展，着力推进文化领域供给侧结构性改革，根据新时代文化产业的发展需要，加大产业扶持力度，全力打造文化创意千亿产业链，努力推动文化产业成为国民经济支柱型产业。在提升新兴文化业态和文化服务业比重的同时，成功打造一批具有影响力的知名文化品牌。

蓝皮书

一、总体运行情况

2018年，全市共有规模以上文化产业企业451家，比上年增长4.4%；实现营业收入754.20亿元，比上年增长12.9%；实现营业利润53.13亿元，比上年增长29.3%；企业共吸纳就业人员7.08万人，与上年基本持平；资产总计832.52亿元，比上年增长12.7%。全市规模以上文化产业总体发展良好。

全市规模以上文化制造业、限额以上文化批零业和规模以上文化服务业分别实现营业收入362.85亿元、167.17亿元和224.17亿元，比上年分别增长0.5%、51.6%和11.7%，分别实现营业利润10.73亿元、2.27亿元和40.13亿元，比上年分别增长36.6%、5.8%和25.6%，三大类行业比重由2017年的50.9∶15.5∶33.6优化为48.1∶22.2∶29.7，文化制造业占比下降，文化批零业占比提高，文化产业结构进一步优化。

从分区域看，全市规（限）上文化产业呈现出海沧和翔安以文化制造业为主，思明和集美以文化服务业为主，同安以文化批零业为主的格局，湖里文化批零业占全区比重由上年的22.5%上升至38.8%，即将成为支撑全区规（限）上文化产业发展的重要部分。

表1　2018年各区规上文化产业企业营业收入构成情况

单位：%

行业分类	思明区		湖里区		海沧区		集美区		同安区		翔安区	
	2018年	2017年	2018年	2017年	2018年	2017年	2018年	2017年	2018年	2017年	2018年	2017年
制造业	0.9	2.3	47.0	51.5	75.6	77.7	26.0	13.2	31.4	36.1	95.2	96.9
批零业	24.8	23.4	38.8	22.5	13.6	13.2	3.8	2.5	62.0	59.1	0.1	0.0
服务业	74.3	74.2	14.2	26.0	10.9	9.1	70.2	84.3	6.7	4.9	4.6	3.1

二、行业运行特点

（一）文化产业规模持续扩大

2018年，厦门市文化产业的规模化发展趋势更加凸显，并且实现了量质齐升。全市规模以上文化产业企业数量从2017年的432家上升到451家，增加19家，增长4.4%；营业收入上升到754.28亿元，增长12.9%，占整个文化产业营业收入比重为74.6%，提高0.55个百分点。规模以上文化产业企业对全市文化产业营收增长的贡献率达79.1%，成为拉动厦门市文化产业进入千亿产业链群的重要力量。同时，规模以上文化产业企业对于整个产业效益的提升起到了主导作用。2018年，全市规模以上文化产业企业利润由上年的41.09亿元上升到53.13亿元，增长29.3%，利润率从5.8%上升到7.0%，上升1.3个百分点，利润总额占整个文化产业利润的比重为100.5%；人均劳动生产率106.45万元，增长5.9%。

(二)工艺美术品销售业增长迅猛

工艺美术品销售行业迎来了爆发式的增长，对于推动文化产业规模的增长贡献巨大。2018年，全市规模以上工艺美术品销售企业22家，比上年增加5家；实现营业收入57.39亿元，比上年增长1.86倍。工艺美术品销售行业营收增长对全市规(限)上文化产业营收增长的贡献率达87.7%。由于人民币汇率波动、股市下跌、中美贸易摩擦等因素，推升了黄金的避险需求，越来越多的机构和居民倾向持有黄金，促使黄金需求大幅增长。2018年，厦门黄金投资有限公司、紫金矿业集团黄金珠宝有限公司和金洲(厦门)黄金资产管理有限公司营业收入分别增长23.53倍、1.10倍和1倍，其中厦门黄金投资有限公司和紫金矿业集团黄金珠宝有限公司的营业收入均超10亿元，是拉动行业规模增长的主要力量。

(三)影视产业保持良好发展态势

2018年，随着打造“国际化影视城”战略布局的推进和相关政策利好的释放，厦门市影视产业步入了发展的快车道，并逐渐成为助推全市文化产业高质量发展的新引擎。2018年，全市规模以上影视企业35家，共实现营业收入42.21亿元，营业利润3.68亿元，比上年分别增长45.9%和164.3%，营业利润率为8.7%，较上年提升3.9个百分点；资产总计34.82亿元，应交增值税0.55亿元，共吸纳就业人员0.44万人，比上年分别增长29.4%、

26.4%和13.8%。从分行业看，广播电视电影设备制造实现营业收入34.45亿元，广播电视电影节目制作实现营业收入3.13亿元，比上年分别增长44.2%和310.9%，强力巨彩、罗普特、华强方特(厦门)、厦门广播电视数字工程等骨干企业的快速发展有力拉动了厦门市影视产业的发展，已成为厦门市文化产业发展新的增长点。

(四)文化科技融合发展成效显著

文化与科技融合是文化产业转型升级的重要抓手和大势所趋。依托良好的软件信息产业基础，厦门市积极推动数字技术、网络技术、智能技术等高新技术与文化产业的融合渗透，对传统文化产业进行数字化、信息化和互联网化的改造，探索发展新型文化业态和模式，并取得了较好的成效。2018年厦门市规模以上互联网、数字化文化产业发展较为稳健，营业收入达133.88亿元，比上年增长14.2%，营业利润24.59亿元，比上年增长6.4%。从分行业看，互联网信息服务营收增幅最大，达到37.2%，其次是互联网娱乐平台，营收增幅为14.7%。

三、存在主要问题

(一)产业链条有待进一步完善

厦门市文化产业整体的规模化发展取得了一定的成效，但产业布局仍较为分散，一些细分领域行业规模偏小，产业链条不完善，无法形成对其他文化行业的有效支撑，从而造成整个产业核心竞争力不强。厦门市新闻服务、艺术品拍卖及代理、运营管理、文化科研培训服务等行业缺少具有影响力和品牌效应的文化企业。

而文化投资与资产管理和艺术表演等行业规模较小，2018 年投资与资产管理规上企业 3 家，营业收入仅 1.06 亿元；艺术表演规上企业 4 家，营业收入仅 1.48 亿元。

（二）新闻信息服务业利润率下跌明显

2018 年，新闻信息服务业扭转了 2017 年营业收入下跌的趋势实现大幅度增长，营业收入达到 48.47 亿元，增长 30.8%。但营业收入的增长并没有带来利润的同步增长。新闻信息服务业利润从上年的 5.04 亿元下跌到 3.87 亿元，下跌 23.1%，行业利润率由 13.6%下跌到 8%，下降 5.6 个百分点，成为文化产业九大类中利润率降幅最大的行业。报纸信息服务和广播电视信息服务利润率均实现了上升，但由于互联网信息服务利润率下跌 8.4%，且其对整个新闻信息服务利润的贡献率最大，达 78.0%，从而导致整个行业利润率的下跌。

四、几点建议

（一）多措并举完善文化产业链条

一是培育本土文化企业做大做强，吸引文化企业总部落户厦门，通过充分发挥龙头企业和总部企业的产业拉动作用，整合凝聚优势资源，带动相关产业的发展，弥补产业链的空白，构建和完善文化产业链。二是鼓励和支持厦门市核心和新兴文化产业利用其优势，吸引相关上下游生产性企业或服务性企业等配套产业的加入，形成一定规模的产业集群，使企业相互促进，提升效益。三是针对产业链的薄弱环节，在强化招商的同时，对产业链的现有企业进行调研诊断，制定相关的扶持政策，支持企业做大做强。

(二)政府企业协同提升核心竞争力

2018年厦门市互联网信息服务业营业收入与利润的增速呈现背离,一方面是由于互联网普及率和网民规模的快速增长为互联网信息服务业迅猛发展提供了动能。另一方面,行业竞争不断加剧和用户对网站内容品质和运行速度要求的日益提升,导致互联网信息服务业企业网站维护和管理成本逐步增加。要解决目前互联网信息服务业面临的困境,政府相关部门应深入调研分析互联网信息服务行业企业的发展情况,了解其在发展中存在的痛点和堵点,通过强化财税金融支持,进一步优化营商环境,减轻企业的经营负担。同时,企业应不断提升自身的技术水平及服务质量,创新高附加值的服务,满足用户日益增长的个性化需求。通过新旧动能的转换,增强自身的核心实力,力争在激烈的市场竞争中占据一席之地。

执笔:陈翠翠　荆　浩　郭灿虹

时间:2019年11月

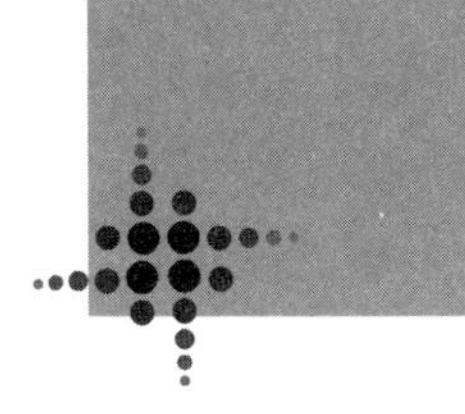

后　记

2018年是贯彻党的十九大精神的开局之年，也是改革开放40周年。作为国家创新型试点城市，厦门把文化产业列为战略性新兴产业，文化体制改革与文化产业良性互动，文化改革发展工作成效显著。这一年，厦门市紧紧围绕打造区域文化创意中心、全国重要文化出口基地和全国文化产业发展先进城市的目标，进一步深化文化体制改革，全力推进厦门市文化创意千亿产业链的建设，在促进全市经济转型和产业结构升级中发挥了重要支撑作用。

自2005年以来，《厦门文化改革发展蓝皮书》已连续编辑出版了13部，《2019年厦门文化改革发展蓝皮书》与之前的13部相接续，记录了厦门市文化体制改革和文化发展的最新进展。这套蓝皮书的编辑出版，是厦门市文化改革发展工作的有机组成部分，为读者多角度了解厦门文化改革与发展情况提供较为全面的信息，为专家学者提供研究资料，为市委市政府决策提供服务，受到各方好评。

《2019年厦门文化改革发展蓝皮书》收集了该年度厦门市开展文化体制改革与文化发展工作的相关资料，集实践探索、经验交流和对策措施于一体，力求做到反映情况全面、通报数据准确，既有对文化产业的整体形势评估、存在问题分析，也有对不同门类、不同区域文化产业发展成果的总体展示和个案剖析，原汁原味地反映厦门市2018年文化改革发展的概貌。

本书继续坚持原有的资料性、地方性、实用性等特点，比较全面地反映 2018 年厦门市文化改革和发展的概况。为此,设置了“专题研究”“调研报告”“相关政策”“大事记”等栏目,收入本年度厦门市文化改革发展相关重要政策文件、形势分析、调研报告和统计资料。本书设置的“文化交流”“公共文化”“文化会展”“行业风采”等栏目,对厦门市具有地方特色的两岸文化交流、公共文化建设以及海峡两岸文博会、海峡两岸图交会、厦门国际动漫节、艺术厦门、厦门国际时尚周等文化会展方面的内容进行研究和整理,记录办展原貌和取得的成效;还对厦门市文化产业各行业领域发展作专题介绍,展示了行业的风采。

《2019 年厦门文化改革发展蓝皮书》的编辑和出版发行,得到了各方面的大力支持。厦门市委常委、宣传部部长、市文化改革发展工作领导小组副组长叶重耕同志担任编委会主任,市政府副市长、市文化改革发展工作领导小组副组长韩景义同志担任编辑委员会副主任。厦门市旷盛文化传播有限公司为本书提供了动漫插图设计,郑晓东为本书提供封面照片,厦门大学出版社一如既往地给予大力支持。在此,编委会谨向所有关心、支持本书的单位和个人,向所有为本书付出辛勤汗水的同志一并表示诚挚的谢意!

编委会

2019 年 11 月